Robert Louis Stevenson

LEBEN IN BILDERN

Herausgegeben von
Dieter Stolz

Robert Louis Stevenson

Michael Rölcke

DEUTSCHER KUNSTVERLAG

Inhalt

Der falsche Heilige

Von Robert Louis Stevenson gibt es ein Fotoalbum »From Baby to Bar«, dessen letztes Bild den Fünfundzwanzigjährigen in der Robe und mit der Perücke eines Anwalts zeigt. Die Fotografie wurde aufgenommen, als Stevenson zur Freude seiner Eltern das Jurastudium erfolgreich abgeschlossen hatte und für die »Scots Bar«, die schottische Rechtsanwaltskammer, zugelassen wurde. Dass insbesondere des Vaters Stolz schnell in Enttäuschung umschlug, weil sein Sohn nie vorhatte, diesen Beruf auch nur einen Tag lang auszuüben, sondern unbedingt Schriftsteller werden wollte, steht auf einem anderen Blatt. Die Aufnahme fixiert eine Pose, mehr nicht. Sie ist Zeugnis einer Maskerade, Sinnbild der Anprobe eines möglichen Lebens, eines nicht ganz freiwilligen Rollenspiels. Aber am Ende des Albums wirkt sie wie eine unwiderlegbarer Beweis: Seht, darauf lief alles geradezu zwingend hinaus – der Anwalt ist das Ziel der Entwicklung!

Hätten Stevensons Eltern Thomas und Margaret Isabella das Album realitätsnäher zusammenstellen oder gar fortführen wollen, dann hätten sie sich ganz andere Bilder von ihrem einzigen Kind machen müssen, Bilder, die sie sich nicht vorzustellen vermochten: Nicht nur das Porträt vom armen Poeten, das in zahlreichen Varianten viele Seiten hätte füllen können, sondern auch Fotografien von Stevenson als Wanderer, Kanute, Dandy und Emigrant, als Pirat oder Don Quijote, als Südseeabenteurer, Schiffseigner und Kolonialherr. All diese Aufnahmen existieren zwar, aber sie haben keinen Eingang mehr in das Familienalbum gefunden – mit Anfang zwanzig war der andauernd kränkliche Stevenson längst ausgezogen, um bessere Gesundheit und das Land seiner Träume zu finden. Und obwohl er im Laufe seines ereignisreichen Lebens diese vielen Rollen tatsächlich durchlebt hat, wirken die davon erzählenden Bildinszenierungen manchmal, als wäre Stevenson nur in diese Verkleidungen geschlüpft, um

Robert Louis Stevenson in der Anwaltsrobe, Juli 1875.

zu zeigen, dass seine Passion, der Schriftstellerberuf, alle anderen Professionen in sich vereinigt.

Zwanzig Jahre später: Zwei Aufnahmen von Stevenson entstanden im Januar 1894, wenige Monate vor seinem Tod. Die eine zeigt ihn auf Bastmatten stehend in weißer Flanellhose und weißem Hemd, er trägt eine stumpf endende Krawatte und hohe Schnürstiefel, die linke Hand ist in die Hüfte gestützt – eine längst kultivierte Geste Stevensons mit Wiedererkennungswert –, die andere hält einen weißen Hut hinter dem Rücken, um die Taille ist eine Schärpe gewickelt. Neben Stevenson steht, in weiße Gewänder gehüllt und barfüßig, der samoanische Häuptling Tui Malealiifano. Diese Fotografie wurde häufig unvollständig abgedruckt, man sparte den Häuptling einfach aus und raubte der Aufnahme ihren Kontext. Der »Wilde« passte einfach nicht in das Bild, das man sich von Stevenson bewahren wollte.

Etwas Ähnliches geschah mit dem zweiten, am selben Tag entstandenen Foto, das allgemein als das letzte Bild von Stevenson gilt. Er sitzt auf einem Stuhl vor einem weißgekleideten Mann, den einige Legenden als Samoaner, andere als Grafen von Wurmbrand-Stuppach ausgeben und zu dessen rechter Seite Stevensons Stiefsohn Lloyd Osbourne steht, zur linken Häuptling Tui. Auch von dieser Fotografie existiert eine Fassung, die nur Stevenson im Halbporträt zeigt. Es ist ein doppelt falsches Heiligenbild, denn es verdankt seine jenseitige, den Dichter verklärende Anmutung in erster Linie einem strahlend weißen Hintergrund. Dabei zeigt das Foto Stevenson wohl in der gesündesten Phase seines ganzen Lebens; er war mit sich im Reinen und sah selten diesseitiger aus als auf diesem Bild.

Die Originale und ihre Verklärungen –
die letzten Fotos von Stevenson,
aufgenommen am 29. Januar 1894 in Apia.

Ein unbegrabener Toter

Es ist ein monströses Grabmal, unter dem Robert Louis Stevenson beigesetzt wurde. Auf einem massiven steinernen Sockel steht ein kleines sargähnliches Haus; das Ganze wirkt unförmig und erdrückend. Viel zu mächtig für diesen zerbrechlichen Mann, der schon zu Lebzeiten wie ein Skelett aussah, dessen schweres Leben so vom Luftigen und vom Leichtsinn bestimmt war und der drohte, von einer Windböe hinweggefegt zu werden. Der Betonquader sollte der großen Feuchtigkeit und der fruchtbaren, alles zersetzenden Vegetation trotzen, aber der Steinsarg sieht wie ein Gewicht aus, das daran erinnert, mit welcher Macht man versucht hat, Stevenson in verschiedene Rollen zu pressen.

Stevensons Frau Fanny musste wegen der kriegerischen Unruhen auf Samoa drei Jahre lang warten, bis sie dieses pompöse Monument für ihren Mann errichten durfte, bis dahin war die Grabstelle ein einfacher Hügel auf dem Gipfel des Mount Vaea, zu dem die samoanischen Eingeborenen mit Macheten und Hacken in der Nacht nach Stevensons Tod eine Schneise geschlagen hatten. Stevenson wollte, so Lloyd Osbourne in einem Brief an Sidney Colvin, im »Grab eines Häuptlings aus alten Zeiten« bestattet sein. Und wie für ihresgleichen belegten die Häuptlinge das Gebiet um die letzte Ruhestätte des Dichters, den sie Tusitala, den Geschichtenerzähler nannten, mit einem Tabu: Hier durfte niemand eine Waffe abfeuern; der Tote sollte den Gesang der Vögel hören können.

Sein eigenes Ende, den stets möglichen Tod, hatte Stevenson immer vor Augen, er war Thema seiner Texte und Gegenstand der Ängste seiner Familie. Doch als er endlich im vermeintlichen Paradies Vailima auf Samoa angekommen und seiner Lungenkrankheit ledig geworden war, wird Stevenson vom Schicksal gefällt wie ein junger Baum vom Sturm. Er war gerade einmal 44 Jahre alt. Seit vier Jahren

Robert Louis Stevenson in seinem »Bettdeckenland«. Die Aufnahme entstand im ersten Halbjahr 1889 im tahitianischen Dorf Tautira.

Der Mount Vaea, auf dem Stevensons Grab liegt.

Stevensons Grab mit der Inschrift: »Under the wide and starry sky / Dig the grave and let me lie: / Glad did I live and gladly die, / And I laid me down with a will. // This be the verse you grave for me: / *Here he lies where he long'd to be; / Home is the sailor, home from the sea, / And the hunter home from the hill.*« Stevenson verfasste dieses »Requiem« bereits 1887 in San Francisco.

erst lebte er in einem Klima, das seine Genesung begünstigte und seiner schriftstellerischen Reifung zuträglich war. Und dann endete der Roman seines Lebens ebenso abrupt wie sein letzter, Fragment gebliebener Text *Weir of Hermiston*. Stevenson hatte sich immer vor einem schleichenden Tod gefürchtet, seinem Freund Sidney Colvin schrieb er im Mai 1892: »Wenn ich jetzt noch eines gewaltsamen Todes sicher sein könnte, was wäre das für ein Erfolg! Ich wünsche, in meinen Stiefeln zu sterben; das Land der Bettdecke ist nichts mehr für mich. Zu ertrinken, erschossen oder vom Pferd geworfen zu werden – ja, gehenkt zu werden, wäre mir lieber, als noch einmal diese langsame Auflösung durchzumachen.« Und die Götter und Geister Samoas, an die er mehr glaubte als an den strafenden Richtergott seines calvinistischen Vaters, hatten ein Einsehen. Ein Blutgerinnsel im Kopf beendete am 3. Dezember 1894 jäh sein Leben, als er seiner Frau in der Küche zur Hand ging. »Ich war noch ein Junge«, schreibt sein wohl größter Bewunderer Gilbert Keith Chesterton in seinem immer noch maßgeblichen Essay über Stevenson, »als die Nachricht England erreichte; und ich erinnere mich, dass manche seiner Freunde zunächst Zweifel hatten, weil in dem Telegramm stand, er wäre beim Salat-Anmachen gestorben; und ›sie hatten noch nie gehört, dass er so etwas getan hätte‹. Aber ich dachte voll insgeheimer Überheblichkeit, dass ich eines besser über ihn wusste als sie […]; denn wenn es irgendetwas gab, was er noch nie getan hatte, dann war es genau das, was er in jedem Fall tun würde. So starb er also tatsächlich beim Zubereiten von gemischtem Salat. Doch dieses Bild ist weder unangemessen noch unehrerbietig, sondern nur von einer bestimmten Leichtigkeit und Spannkraft, wie die einer Spiralfeder, die er vom Anfang bis zum Ende besaß.«

Schon zu Stevensons Lebzeiten begann seine Mythisierung. Legenden vom »Bettdeckenland«, in dem der Autor lebte, machten die Runde, von seiner Krankheit, von seinem abenteuerlichen Leben in der Südsee. Nach seinem Weggang aus der westlichen Welt schossen die Huldigungen ins Kraut; man beschrieb ihn als überaus gerechten, toleranten Menschen, als Moralisten und fleißigen Arbeiter – kurz: als unfehlbaren Helden. »Ich entsinne mich«, schrieb Lloyd Osbourne, »wie er einmal von dem Buch, in dem er gerade gelesen hatte, dem *Don Quijote*, aufsah und seufzend bemerkte: ›Das ist es, was ich bin, Lloyd – genau ein zweiter Don Quijote!‹ […] Unduldsam gegenüber allem Bösen, ritterlich auf fast absurde Weise, leidenschaftlich in der Auflehnung gegen jegliche Ungerechtigkeit, impulsiv, halsstarrig, gänzlich alle Konventionen mißachtend, sofern diese

Obwohl das Foto als »R. L. S. as a Pirate«
archiviert ist, handelt es sich mit großer
Wahrscheinlichkeit nicht um Stevenson.
Dass es als Stevenson-Porträt geführt wird,
unterstreicht, wie sehr sich die Vorstellungen über seine Person mit Stevensons
Geschichten vermengten.

Stevenson in Vailima auf seinem Pony Jack.
Foto von 1892.

von dem abwichen, was er für rechtens ansah – auch er besaß eine Natur, die dazu bestimmt war, mißverstanden und ganz gewiß auch von vielen verlacht zu werden.« Die schiere Fülle der schwärmenden Berichte beweist vor allem eines: Jeder hoffte, dass etwas von Stevensons Glanz auf ihn abfallen würde. Und je weiter er sich den edlen Wilden der Südsee näherte, desto mehr versuchten die Sachwalter seiner Biographie ihn als wilden Edlen darzustellen. Stevenson war schon zu Lebzeiten nicht mehr fassbar, aber er war auch nicht wirklich weg – ein Untoter. Henry James, der ihn in seinen Briefen inständig um die Rückkehr nach England gebeten hatte, stellte am 31. Juli 1888 fest: »Sie sind ein schöner Mythos geworden – eine Art unnatürlicher, unbehaglicher, unbegrabener Toter.«

Und Stevenson selbst? Wie hatte er, der vielfotografierte Autor sich der Öffentlichkeit präsentiert? Von ihm kursieren nicht nur die üblichen, in Ateliers aufgenommenen Bilder, die zu Werbezwecken und als Frontispize für seine Bücher verwendet wurden, sondern auch jene, die auf den Südseereisen und auf Samoa entstanden sind und denen der Anschein von Authentizität anhaftet. Es ist dem ambitioniert fotografierenden Stiefsohn Lloyd Osbourne zu verdanken, dass Stevensons letzte sechs Lebensjahre so gut dokumentiert sind. Doch diese Aufnahmen sind keine Schnappschüsse der herkömmlichen Art. Die Kamera diente vor allem dokumentarischen Zwecken; man wollte das Dasein der Familie Stevenson in fremden Gefilden beglaubigen; die Fotos wurden zur Illustrierung von Vorträgen geschossen, die Lloyd nach ihrer Rückkehr halten wollte. Stevenson hat sich also in Posen ablichten lassen, die das Publikum von ihm erwartete; fast scheint es, als wäre er bestrebt gewesen, die Mythen, die sich um ihn rankten, zu bekräftigen, die anhaltende Erzeugung seiner Doppelgänger zu befördern. Er, der ein Meister der literarischen Kontraste war und Bildwelten erschaffen konnte, die absolut lebendig wirken, verstand wie kein Zweiter, sich auch in Wirklichkeit so in Szene zu setzen, dass er auf den Fotos aussah, als wäre er Teil einer fiktionalen Inszenierung. Seine vielgerühmten leuchtenden Augen wussten stets, wo sich die Kamera befindet.

»Stevenson«, schrieb Bruce Chatwin einmal, »war außerordentlich ichbezogen und krankhaft um sein öffentliches Image besorgt. Er, der das Gefühl hatte, großzügig mit Informationen über seine Person umzugehen, hielt sich in Wirklichkeit mit Geständnissen eher zurück, doch in seinen Geschichten ließ er, bewußt oder unbewußt, deutliche Anspielungen zu.« Die »Wahrheit« über Robert Louis Ste-

Robert Louis Stevenson

W. J. Hawker. Bournemouth.

venson findet sich demnach weniger in Augenzeugenberichten oder in Selbstzeugnissen, sondern vor allem in seinen Werken. Ähnlich argumentiert Chesterton, der dafür plädiert, die Person in ihrem Umfeld zu sehen und anhand ihrer Handlungen zu verstehen: »Viele haben ihm vorgeworfen, zu posieren, einige haben ihn des Predigens bezichtigt. Die Sache, die mich aber vor allem interessiert, ist nicht allein seine Pose, wenn es denn eine Pose war, sondern vor allem die große Landschaft oder der Hintergrund, vor dem er posierte und den er selbst vielleicht nur teilweise realisiert hat, der aber ein ziemlich wichtiges historisches Bild abgibt.« Chestertons Zweifel – »wenn es denn eine Pose war« – zielt auf einen Umstand, der bei der Betrachtung der Lebensbilder Stevensons immer zu berücksichtigen ist: Die Pose ist ein Schlüssel zu seiner Persönlichkeit, denn posierend verlieh er seinem Leben Konturen; die Posen sind Ausdruck seiner Träume, seines eigensinnigen In-der-Welt-Seins, seiner Vitalität.

Robert Louis Stevenson 1886. Das über den Ärmel der Samtjacke gestreifte schwarze Krepparmband trug Stevenson in Erinnerung an seinen am 17. September 1886 verstorbenen Onkel David und nicht, wie zuweilen behauptet wird, in Gedenken an seinen Vater.

ALISON CUNNINGHAM
R.L. STEVENSON'S NURSE "CUMMY"

KNOX SERIES.

Cummy oder
Die Kunst des Erzählens

Sie sitzt da, als hätte sie schon immer in diesem Stuhl gesessen: Alison Cunningham, genannt Cummy, Stevensons Kinderfrau. Auf der Fotografie wirkt sie zeitlos alt, erstarrt in diesem strengen dunklen Kleid. Welche Augentäuschung! Cummys Vorstellungswelt muss von dramatischen, in der ewigen Verdammnis spielenden Szenarien erfüllt gewesen sein, die sie dem kleinen Robert Louis ungefiltert erzählte. Die strenggläubige Calvinistin war dreißig Jahre jung, als sie 1852 in das Haus der Stevensons kam und sie liebte das ihr anvertraute Kind abgöttisch. Begünstigt von der häufigen Abwesenheit des Leuchtfeuer bauenden Vaters und von der Zurückgezogenheit der kränkelnden Mutter war Stevenson über viele Jahre ein ergriffener und sich fürchtender Zuhörer ihrer blutrünstigen, in düster-bunten Farben gemalten Geschichten. Cummy hielt wenig von weltlichen Vergnügungen; Spielkarten waren genauso des Teufels wie Theateraufführungen oder schöngeistige Literatur. Überhaupt war sie voller Vorurteile und Abneigungen, die nicht nur fremde Sitten, sondern auch den Beruf des Schriftstellers betrafen. Die Darstellung Cummys spricht Bände: Ihre schmalen Lippen künden von religiöser Strenge; Stevenson hatte, so sein Cousin und Biograph Graham Balfour, eine »Convenanter-Kindheit«, die vom Gedankengut der schottisch-reformierten Kirche geprägt war. Cummy zählte ihm alle möglichen Sünden und Strafen auf und muss ihn zu qualvollen Wahnvorstellungen getrieben haben. Abgesehen von den biblischen Geboten und dem kleinen Katechismus waren es wohl die von Cummy heißgeliebten, an Gemetzeln und Martyrien reichen Legenden der presbyterianischen Bewegung, die die Phantasie des sensiblen Jungen bis in die Nachtstunden beschäftigte. Beim Anhören der Geschichten mag Stevenson jedoch geahnt haben, dass sich hinter dem Grauen die Schönheit verbirgt, hinter dem Tod das Leben und dass die Dunkelheit nur der Schatten des Guten ist. Allein so lassen sich die lichten Aspekte seiner später entwickelten Poetologie erklären.

Stevensons Kinderfrau Alison Cunningham (Cummy).

CASTLE FROM THE GRASSMARKET

R. L. STEVENSON IN THE PELISSE MADE BY "CUMMY."   KNOX SERIES.

Alison Cunningham machte Stevenson unfreiwillig zum Schriftsteller; die von ihr evozierten Vorstellungen wurden, zumindest was die Erzählinhalte angeht, zur Grundlage seines literarischen Schaffens. Ihr Einfluss kann in dieser Hinsicht kaum überschätzt werden. Cummy gebührt eigentlich der zentrale Platz auf einem Familienporträt der Stevensons! Sie war keine Randfigur, wie etwa auf jener Fotografie, das die Familie vor dem angemieteten Sommerhaus in Peebles zeigt: Sie war der Hafen, von dem Stevensons Lebensreise ihren Ausgang nahm – erst in der Phantasie, dann in der Wirklichkeit. Er war sich dieser nachhaltigen Prägung durchaus bewusst und widmete Cummy seine in England zum Klassiker gewordene Gedichtsammlung *A Child's Garden of Verses*, in der er die Bilder seiner Kindheit heraufbeschwor.

Träte man vom Bilde Cummys – der zweiten Mutter – zurück, heraus aus dem Haus in der Heriot Row, in das Stevenson mit sieben Jahren gezogen war, stünde man im feuchtwindigen, unangenehmen Klima Edinburghs, über das er in *Edinburgh. Picturesque Notes* schreibt: »Im Winter ist das Wetter rau und wild, im Sommer zugig und unbehaglich und im Frühling ein meteorologisches Fegefeuer. Die Zarten sterben früh, und als ein Überlebender in böigen Winden und strömendem Regen war ich manchmal versucht, sie um ihr Schicksal zu beneiden.« Trotz ihrer Unwirtlichkeit spielen sowohl Edinburgh als auch Schottland in Stevensons Erzählungen und Romanen eine zentrale Rolle und fungieren nicht selten als Sehnsuchtsorte: »Von allen Geheimnissen des menschlichen Herzens«, heißt es in *The Silverado Squatters*, »ist das vielleicht das unergründlichste: Es gibt nichts besonders Liebreizendes in diesem grauen Land mit seinen verregneten, seegepeitschten Inselgruppen, seinen dunklen Berggegenden, seinen unansehnlichen Plätzen, die schwarz vor Kohle sind, seiner Baumlosigkeit [...], seiner bizarren, grauen, von der Burg beherrschten Stadt [...]. Und obwohl ich glaube, dass ich lieber woanders sterben möchte, sehne ich mich doch von tiefstem Herzen danach, unter einer schottischen Scholle begraben zu werden.«

Gingen auf Cummy vor allem die literarischen Sujets zurück, so diente die Stadt seiner Kindheit Stevenson häufig als Kulisse für seine Schauergeschichten. Das gilt im Grunde auch für seine wohl berühmteste Erzählung *Strange Case of Dr Jekyll and Mr Hyde* aus dem Jahr 1886, die zwar vermeintlich in London spielt, aber, wie Chesterton schon bemerkte, eindeutig in Edinburgh angesiedelt ist. Die Charaktere sind schottisch und der Text selbst kann als Auseinan-

Der vierjährige Robert Louis Stevenson trägt ein von Cummy angefertigtes Cape. Foto von John Moffat.

Edinburgh Castle auf dem Castle Rock. In der Burg spielen die ersten Szenen des Fragment gebliebenen Romans *St. Ives*. Aufnahme zwischen 1860 und 1890.

Die Familie Stevenson mit Cummy (rechts), zwei Dienstmädchen (links) und dem Terrier Coolin vor der Villa in Peebles. Aufnahme von 1864/65.

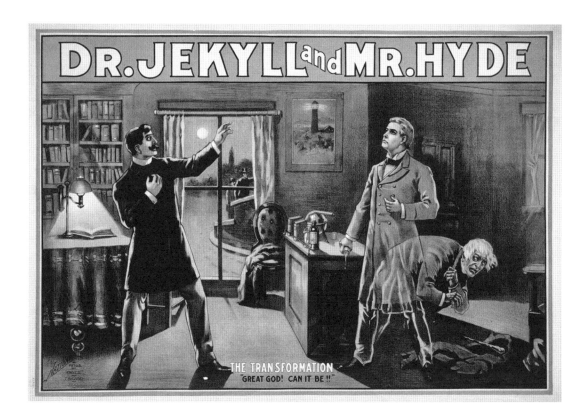

»Great God! Can it be!!« Poster aus den
1880er Jahren.

Alison Cunningham zu Beginn ihrer Zeit als
Stevensons Kindermädchen. Foto um 1850.

dersetzung mit der calvinistischen Orthodoxie gelesen werden. Die Geschichte, die vorgibt, eine Kriminalerzählung zu sein, verhandelt eine zentrale Problematik, auf die all ihr Schrecken und alle Verunsicherung zurückgeht: Jekyll und Hyde sind nicht, wie der Titel suggeriert, zwei verschiedene Figuren, sondern Hyde ist die entfaltete böse Natur Jekylls. Hyde entsteigt Jekyll und doch bleiben beide nach dem Experiment ein und dieselbe Person. Es geht die Legende, dass in Stevensons Kinderzimmer ein wertvolles Schränkchen des Ende des 18. Jahrhunderts in Edinburgh lebenden Kunsttischlers und Einbrechers Deacon William Brodie gestanden haben soll, über den Stevenson 1880 zusammen mit dem englischen Schriftsteller William Ernest Henley ein Stück verfasst hat. Was Stevenson an dieser historischen Figur reizte, die tagsüber einem angesehenen Handwerksberuf nachging, sich des Nachts aber in einen Meisterdieb verwandelte, war die andere, die dunkle Seite des ehrbaren Bürgertums, die Idee von der Gegennatur des guten Menschen.

Das Brisanteste an der Jekyll-und-Hyde-Konstellation ist allerdings, dass das Entsetzen nicht dem Schlaf der Vernunft, sondern der Erkenntnis entspringt! Die an Edgar Allan Poes *The Murders in the Rue Morgue* erinnernde erzählerische Anlage, bei der durch analytische Rekonstruktion des Tathergangs eine Hypothese widerlegt wird, beglaubigt das Irrationale kriminalwissenschaftlich. Es stellt sich ein ähnlicher Effekt wie bei der Lektüre der *Wrong Box* ein: Der Leser kann weder das Böse noch die harlekineske Amoral einfach als Fiktion abtun. In diesem Punkt unterscheiden sich Poes und Stevensons Werke signifikant: Gegen Poes Erzählungen des Grauens, die sich an der Gothic Novel orientieren und von Verfall und Düsternis bestimmt sind, heben sich Stevensons Geschichten farbig und hell ab. Sie sind der Aufklärung verpflichtet; der Horror entsteht in der Konfrontation der Figuren mit ihrem inneren Gegenspieler, der gänzlich anderen Emanation ihrer selbst. Es erscheint merkwürdig, so Chesterton, wie man »je den Raben Poes mit dem Papagei von Long John Silver verwechseln konnte«. Zwar wirke der Papagei des Piraten aus *Treasure Island* kaum vertrauenserweckender, »aber er kam aus den Ländern des grellen Gefieders und der blauen Himmel, während der andere Vogel nur ein Schatten war, der die Dunkelheit noch dunkler machte«. Es mag an der Atmosphäre Edinburghs liegen oder an Calvins Erbe, mit dem Stevenson in seinen Geschichten ringt, dass selbst seine düstersten Texte den Geist einer hellen Romantik atmen. Seine Phantasiewelt gleicht einem Freilufttheater, in das die Sonne scheint.

Das kleine Welttheater

An seinem sechsten Geburtstag bekam Stevenson sein erstes Papiertheater geschenkt – ein Ereignis, das in besonders einschneidender und folgenreicher Weise seine spätere Erzählweise bestimmen sollte. Die seit Anfang des 19. Jahrhunderts hergestellten Spielzeugtheater wie »Skelt's Juvenile Drama« wurden als Bastelbögen in Tabakläden vertrieben und waren Replikate erfolgreicher Volkstheaterstücke. Die schwarz-weißen Sets kosteten einen Penny, die kolorierten doppelt so viel; sie enthielten einschlägige Bühnenhintergründe und Kostüme. Wie sehr Stevenson dieser Welt aus bunten Pappfiguren verfallen war, hat er in seinem berühmten Essay *A penny plain and twopence coloured* festgehalten: »Was bin ich, was ist das Leben, die Kunst, die Buchstaben und die Welt denn anderes als das, was Skelt aus ihnen gemacht hat? Er prägte meine jungfräuliche Phantasie. Die Welt war flach, bevor ich ihn kannte, eine schlechte Penny-Welt, aber bald wurde alles mit *romance* gefärbt. […] In der Tat, aus dieser festgelegten, langweiligen, großspurigen, aufdringlichen und kindlichen Kunst scheine ich den wahren Geist meiner Lebensfreude gelernt zu haben; […] ich eignete mir eine Galerie von Szenen und Figuren an, mit denen ich, im stillen Theater des Gehirns, alle Romane und Romanzen spielen konnte […].« Allein die Titel der Papiertheaterstücke, die Stevenson besessen hat, beflügeln die Phantasie: *The Red Rover*, *The Blind Boy*, *The Old Oak Chest*, *The Smuggler*, *Three-Fingered Jack*. Waren die imaginären Reisen des bettlägerigen Kindes zuvor grenzenlos und angsteinflößend – in den *Memoirs of Himself* spricht Stevenson von der unnatürlichen Aktivität seines Gehirns –, so erhielten sie mit dem Spielzeugtheater einen vorgegebenen Rahmen. In ihm konnte das Kind Kulissen schieben und Szenen arrangieren, die Dramaturgie ändern oder die Charaktere ausarbeiten. Spielend lernte es, wie sich Inhalt und Form bedingen und der Stoff dramatisch gestaltet werden kann.

»All day he hung round the cove, or upon the cliffs, with a brass telescope«. Billy Bones aus *Treasure Island*. Illustration von Newell Convors Wyeth.

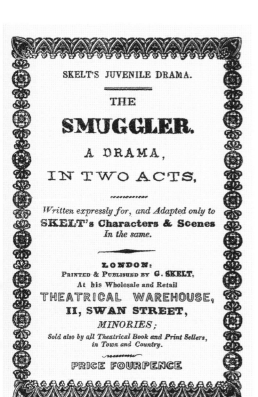

Chesterton hat sogar die These formuliert, dass Stevenson zu dieser Zeit begann, in seinem Papiertheater zu leben. Er trieb von nun an nicht mehr haltlos auf seinem Bett durch eine selbstersonnene Welt voller Nachtmahre, sondern hatte sein »Toy Theatre«, sein neues Schiff in Besitz genommen, auf dem er der Meuterei der Alpträume Einhalt gebieten und Befehle erteilen konnte wie dereinst Kapitän Smollett in *Treasure Island*, der in einer Hängematte liegend sein Schiff »Hispaniola« kommandierte. Was Stevenson, dessen junges Leben drohte, in einer alles nivellierenden Mattigkeit zu versinken, am Papiertheater begeisterte, war dessen »aufgeschwellte Solidität, solch ein eckiges Auftrumpfen«!

Stevensons geistiger Sprung vom Formlosen zur Form markiert zugleich Geburt und Stabilisierung seiner Darstellungskunst. »Das erste«, so Chesterton, »was an Stevensons Bildlichkeit hervortritt, ist der Umstand, daß alle seine Bilder in sehr markantem Umriß dastehen; sie bestehen sozusagen nur aus scharfen Rändern. Etwas in ihm zog diesen Autor stets zum abrupten und eckigen Schwarz des Holzschnitts hin. [...] Die Wörter selbst haben diesen Klang und diesen Sinn. Es ist, als seien sie mit Säbeln ausgehackt – wie jener unvergeßliche Holzkeil, den die Klinge von Billy Bones aus dem hölzernen Wirtshausschild des ›Admiral Benbow‹ heraushieb. Diese scharfe Einkerbung des hölzernen Vierecks bleibt als eine Art symbolische Form stehen, in der sich Stevensons literarischer Angriffsstil ausdrückt.« Doch nicht nur Stevensons Faszination für scharf konturierte Bilder, für fast zweidimensionale Figuren und Landschaften bestimmt fortan sein Leben und Schaffen; er wird auch das Skeltsche Potential der Wirklichkeit entdecken, wird analog Realität in Papierbilder übersetzen und die Welt als Kulisse eines Bühnenstückes wahrnehmen, in der er selbst der Held ist. In den *Travels with a Donkey in the Cévennes* heißt es: »Zugegeben, ich lasse meine Augen gern auf klaren Formen ruhen; und wenn Landschaften – wie die Charakter-Bilderbögen meiner Kindheit – zum Verkauf stünden, einen Penny für einfarbige, zwei für kolorierte, würde ich soweit gehen, an jedem Tag meines Lebens zwei Penny auszugeben.« Es bedarf keiner psychologischen Schulung, um zu ahnen, dass diese Art der Welt- und Menschenbetrachtung eine wesentliche Ursache für Stevensons heitere Neugier war. Statt sich in den Abgründen der Seele oder in weltlichen Fährnissen zu verlieren, qualifizierte er die Pose als Charakterbild. Der sich gern als Vagabund verstehende Dichter rettete seine brüchig werdende Welt, indem er sie in die zwingende Ordnung des Spielzeugtheaters überführte.

Reprint des »Toy Theatre«-Stücks *The Smuggler*, das Stevenson besaß. Titelblatt des Textheftes und Papierbogen mit Figuren.

Der Stationers Shop in der Leith Walk von Edinburgh, wo Robert Louis Stevenson seine Papiertheaterstücke kaufte.

Leuchtfeuer und langer Schatten. Der Vater

Der Vater sitzt, nicht unfreundlich schauend und Ruhe ausstrahlend, auf einem Stuhl, der viel zu niedrig für ihn ist. Thomas Stevenson scheint nicht zu wissen, wohin mit seinen Beinen; er hat sie übereinandergeschlagen, wodurch das hochwertige Schuhwerk zu sehen ist, auf das auch der Sohn Wert legen wird. Der Stuhl lässt ihn kleiner wirken, als er sein Leben lang für Robert Louis Stevenson war. Am Vater hat er sich gerieben, mit ihm hat er Kompromisse geschlossen, gegen ihn hat er revoltiert.

Obwohl der 1818 geborene Thomas Stevenson – Leuchtturmbauer wie seine Vorfahren und seine Brüder – ein strenges pädagogisches Regiment führte, das wohl sein eigenes widersprüchliches Wesen, seine Leidenschaften und Launen kaschieren sollte, wurde er von seinem einzigen Sohn über alles geliebt. Stevensons Vater kämpfte immer gegen irgendetwas an – gegen die zerstörerischen Meereswellen, die er mit fanatischem Eifer erforschte, gegen den falschen Glauben oder gegen die literarischen Ambitionen seines Sohnes, die ihn an seine eigenen unerfüllten Jugendträume erinnerten. Zwar konnte sich der phantasiebegabte Romantiker mit der Erbauung des Leuchtturms auf der Felsinsel Dhu Heartach selbst ein Denkmal setzen – am Torran-Riff, zu dem Dhu Heartach zählt, erlitten Alan Breck Stewart und David Balfour in *Kidnapped* Schiffbruch –, doch am Bau der Wellenbrecher vor dem Hafen von Wick scheiterte Thomas Stevenson. Sein Sohn konnte 1868, als er zum Zwecke eines Praktikums für das anstehende Ingenieurstudium in Wick weilte, miterleben, wie immer wieder riesige Wellen des Vaters Arbeit der letzten Monate zunichte machten. Nur vier Jahre nach ihrer Fertigstellung, im Jahr 1872, zerstörte dann ein außergewöhnlich schwerer Sturm die gesamte Anlage; ein über 1300 Tonnen schwerer Felsbrocken wurde verschoben und das ganze Bauwerk kippte ins Meer: »der Hafen von Wick, die größte Katastrophe im Leben meines Vaters, war ein Fehler,

Robert Louis Stevenson mit seinem Vater. Foto von John Moffat, 1860.

ANSTRUTHER FROM NORTH.   44-822

das Meer erwies sich als zu gewaltig für die Kunst des Menschen«, erinnerte sich Stevenson in seinem Essay *Thomas Stevenson – Civil Engineer*, der unmittelbar nach dem Tod des Vaters am 8. Mai 1887 entstand.

Bräuchte man für die Beziehung zwischen Stevenson und seinem Vater ein Bild, so würden sich riesige Wellen eignen, die unaufhörlich gegen den auf einem Felsen im Meer stehenden Leuchtturm anrollen. Am 31. Januar 1873 spitzte sich der schon lange schwelende Konflikt dramatisch zu und bestimmte fürderhin Stevensons Schreiben ebenso nachhaltig wie die Offenbarungen des »Toy Theatre«. Der knapp Dreiundzwanzigjährige erklärte an diesem Tag seinem Vater, dass es ihm unmöglich sei, an die christliche Religion zu glauben. Vorausgegangen war eine gebändigte Rebellion, ein Aufbegehren mit Anstand, kalkulierter Leichtsinn. 1867 immatrikulierte sich Stevenson an der Edinburgher Universität; er lernte bald seinen Professor Henry Charles Fleeming Jenkin näher kennen, der ihn in seinen Salon einführte, wo er mit den Intellektuellen der Stadt bekannt wurde und an privaten Theateraufführungen teilnahm. Der hier herrschende religiöse Freigeist erfasste auch den aufgeschlossenen Studenten: In den *Memoirs of Fleeming Jenkin* erinnert Stevenson an Jenkins Ansichten, die von dem Philosophen Herbert Spencer beeinflusst waren und den christlichen Dogmatismus verurteilten. Wie Jenkin vertrat Stevenson einen gepflegten Agnostizismus und begeisterte sich für einen gemäßigten, weil in den Grenzen der bürgerlichen Moral verbleibenden Materialismus. Mit diesen Auffassungen musste er naturgemäß den an Calvins Prädestinationslehre glaubenden Vater schockieren. Befördert wurde Stevensons Lust am Diskutieren zudem durch seine seit Februar 1869 bestehende Mitgliedschaft in der Speculative Society, in der er den Abbau der Klassenschranken und die Überwindung sozialer Vorurteile forderte. In den folgenden Jahren kam es im Hause Stevenson immer wieder zu heftigen Wortwechseln voller Widerspruchsgeist und anklagendem Furor. Thomas Stevenson verstand das jugendliche Aufbegehren seines Sohnes wohl als eigene erzieherische Verfehlung. 1871 fügte der junge Mann mit seinem Entschluss, kein Leuchtturmbauer werden zu wollen, seinem Vater eine weitere schmerzliche Wunde zu. Die Auffassungen seines innig geliebten Sohnes gingen über seinen Verstand und überrollten seine Gefühle wie eine Sturzwelle – er reagierte mit Angst, Sprachlosigkeit und Rückzug.

Stevensons Briefe aus jener Zeit zeugen äußerst beredt von seiner Bestürzung über die Reaktion des Vaters: Er fühlte sich zwar absolut

Der Leuchtturm Bell Rock. Stich von James Horsburgh nach einem 1819 entstandenen Gemälde von Joseph M. W. Turner. Frontispiz des Buches *An account of the Bell Rock Light-House, including details of the erection and peculiar structure of that edifice*, London 1824.

Das kleine Städtchen Anstruther in der schottischen Region Fife. Im Hintergrund ist die Hafenanlage zu erkennen, die Stevensons Vater 1865 miterbaut hat. Historische Ansichtskarte.

HERBERT SPENCER.

im Recht, hatte aber überhaupt nicht mit dieser tiefen Enttäuschung seiner Eltern gerechnet. An den Freund Charles Baxter schrieb er am 2. Februar 1873 über die häuslichen Glaubensdispute: »Der Bannstrahl ging jetzt mit voller Wucht nieder! Du weißt, wie es in einem Haus zugeht, in dem jemand schweigend auf die Beerdigung wartet […]. Nachdem ich Dich am Freitagabend verlassen hatte, stellte mir mein Vater während eines Gesprächs eine oder zwei, den Glauben betreffende Fragen, die ich aufrichtig beantwortete. […] Wäre es nicht zu spät, würde ich mir ein Herz nehmen und widerrufen; aber es ist zu spät; und außerdem: Soll ich denn mein ganzes Leben lang als Lügner leben? Natürlich, die Sache ist für meinen Vater viel furchtbarer als die Hölle – aber kann ich ihm helfen? […] Ich glaube nicht, dass man das Recht hat, mich einen ›abscheulichen Atheisten‹ zu nennen, und ich gestehe, ich kann nicht einfach wegstecken, wie mein Vater versucht, das anhaltende Übel aus meinem Kopf herauszubeten.« Noch während seines Parisaufenthaltes 1878 versuchte Stevenson seinen Vater in Briefen von seinen Ansichten zu überzeugen: dass im Christentum Askese nur Mittel, aber nicht Zweck sei, dass Christus nichts mit dem alttestamentarischen Gott der Rache gemein habe und dass man mit Liebe und Toleranz ein gottgefälligeres Leben führen könne als mit der strengen Durchsetzung von Dogmen. Ein Jahr später schrieb er *The Story of a Lie*, die Geschichte eines von seinem Vater verstoßenen Sohnes: »Der alte Mr. Naseby hatte etwas von der sturen, ungebildeten Art des besseren Mittelstandes. […] ›Die Sache stimmt‹, pflegte er zu sagen oder: ›Die Sache stimmt nicht‹, und damit war der Fall für ihn erledigt. In seinen Äußerungen lag selbst bei den geringsten Anlässen eine geballte prophetische Kraft. […] Vor Dick als einem talentvollen Jungen hatte er ehrliche Achtung. Der wiederum respektierte seinen Vater als den besten aller Menschen; ein wenig allerdings wurde dieser Respekt abgeschwächt durch die berechnende Auflehnung eines jungen Mannes, der auf seine eigene Unabhängigkeit bedacht sein muß. Sobald die beiden miteinander diskutierten, kam es zu einem offenen Bruch. Argumente hatten sie genug, denn beide waren ausgesprochen rechthaberisch […]. Am nächsten Tage jedoch lastete eine so unbeherrschte Debatte wie ein Vergehen auf ihm.« Bis zu seinem eigenen Tod versuchte Stevenson, sein am Vater vermeintlich begangenes »Vergehen« literarisch wiedergutzumachen und sich zu rechtfertigen. So handelt die 1887 für *Cassell's Christmas Annual* geschriebene Weihnachtsgeschichte *The Misadventures of John Nicholson* von der Verstoßung eines Sohnes durch den Vater, weil er dessen Geld in den zwielichtigen Gassen Edinburghs verprasst hatte. Und im *Wrecker* sagt Kapitän

The Right Honorable. Robert Macqueen. Mezzotinto von George Dawe aus dem Jahr 1801 nach dem Gemälde *Robert Macqueen, Lord Braxfield* von Henry Raeburn (1756–1823).

Robert Louis Stevenson in Torquay, um 1865.

Herbert Spencer (1820–1903), um 1880. Historische Postkarte.

Nares über seinen Erzeuger: »Er war ein Schwein von einem Vater, und ich war ein Schwein von einem Sohn […], ich schätze, wir sind alle Bestien«. Loudon Dodd, der Held, antwortet: »Alle Söhne sind so, schätze ich […]. Ich habe die gleiche Schuld auf meinem Gewissen; darauf können wir uns die Hände reichen.«

Auch für die Figur des Weir of Hermiston stand nur vordergründig das berühmte, um 1798 entstandene Porträt des Robert Macqueen, Lord Braxfield, von Henry Raeburn Pate; in Wirklichkeit war es der unbeugsame Calvinismus seines Vaters, der Stevenson an Braxfield faszinierte. 1876 hatte er die Raeburn-Ausstellung in der Edinburgher Royal Academy besucht und das Bild in dem Essay *Some Portraits by Raeburn* ausführlich beschrieben. Für *Weir of Hermiston* griff Stevenson auf diese Eindrücke zurück, versah die Figur des gnadenlosen Lord Oberrichters Weir mit Braxfields Zügen und ließ dessen Sohn, den jungen Archie Weir, gegen ihn opponieren: Er prangert ein vom Vater gefälltes Todesurteil öffentlich an und hält in der Speculative Society philosophische Reden über Moral und Gerechtigkeit.

In der Auseinandersetzung Stevensons mit seinem Vater treten zwei merkwürdige, aber essentielle Inkongruenzen zu Tage: Zum einen passt die heftige, existentielle Reaktion Thomas Stevensons nicht zum relativ schwachen Rebellionsimpuls des Sohnes. Stevenson wollte das gemäßigte Presbyterianertum seiner Heimatstadt düpieren, hatte aber unterschätzt, wie sehr des Vaters private und gesellschaftliche Reputation in der Religion verankert war. Die »Revolution« des Sohnes diente der Selbstfindung; die alte Ordnung ernsthaft abzulehnen, kam ihm nie in den Sinn. Er war eher ein romantischer Salonsozialist als ein Anarchist und kultivierte sein Auftreten als Bohemien: Der nicht uneitle, große und schlaksige Student trug das Haar schulterlang und erhob die Samtjacke zu seinem Markenzeichen. Auch literarisch orientierte sich Stevenson an einem berühmten Bürgerschreck, dem Vagabunden François Villon. Mehr war es nicht und doch fiel er schon mit diesen jugendlichen Attitüden aus dem Vorstellungsrahmen des Vaters. Die zweite Nichtübereinstimmung ist die grundlegende Erschütterung Stevensons angesichts der dann folgenden väterlichen Abkehr. Sie lässt sich kaum anders verstehen denn als Furcht vor dem Verlust des elterlichen Vertrauens. Auch wenn es scheint, als hätte ihn Thomas Stevenson bis über dessen Tod hinaus verfolgt, dürfte es in Wahrheit der Sohn gewesen sein, der seit seinem neunten Lebensjahr seine Hand nicht wieder von der Schulter seines Vaters genommen hat.

»Von der körperlichen Konstitution her war Stevenson sicher schlecht aufgestellt. Seine Glieder waren lang und hager, spinnenartig. Seine flache Brust und die unter der Kleidung spitz hervorstehenden Knochen und Gelenke ließen fürchten, er litte unter einer Mangelernährung. Doch sein Gesicht widerlegte diesen Eindruck. Seine vollen Augenbrauen standen oval über braunen Augen, die so sanft waren, als hätten sie bereits ausgiebig unter Reben südlicher Gefilde die Sonne getankt. Das ganze zum Ovalen tendierende Gesicht ähnelte dem einer Madonna. Den Mund aber und die heiteren, spöttischen Augen umspielte immer ein autolykischer, spitzbübischer Zug, als sei er eigentlich der als Sterblicher getarnte listige Gott Hermes.«
(Henry Bellyse Baildon: *Robert Louis Stevenson. A Life Study in Criticism*, London 1901, S. 20–21.)

Robert Louis Stevenson mit seinem Vater vor der Villa in Peebles. Aufnahme von 1864/65.

In weiter Ferne so nah.
Die Mutter

Während Stevenson den Vater gedanklich nicht losließ, war seine Mutter nach dem Tod ihres Ehemannes fast überall leibhaftig dabei. Ob beim Festessen mit dem hawaiianischen König David Kalakaua, beim Fotoshooting auf der Veranda des Stevensonschen Hauses in Vailima oder in Sidney – immer ist Margaret Isabella Stevenson mit im Bild, stets hat sie die gleiche weiße Haube auf und trägt ein hochgeschlossenes, dunkles, Spuren von Wohlhabenheit zeigendes Kleid. Es ist die Witwenkleidung, die sie 1887 mit 58 Jahren anlegte und im Grunde nie wieder ausziehen sollte. Schon auf der in Edinburgh entstandenen offiziellen Gedenkfotografie für Thomas Stevenson überwiegt das Gestellte: die den Schal haltende rechte Hand, die zwei Finger der Linken, mit denen sie leicht ihre Wange berührt, der sich auf dem Buch abstützende Arm, der harte Schwarz-Weiß-Kontrast – in Pose und Gestus antwortet diese Aufnahme auf das im Bild selbst zu sehende, aus dem Jahr 1880 stammende Porträtfoto von ihrem Mann. Welch eleganter Trick, um einem Angedenken auf ewig Ausdruck zu verleihen.

Margaret Isabella Stevenson hatte ein eigentümliches Verhältnis zu ihrem Sohn: Einerseits führte sie bis zu dessen 39. Lebensjahr Tagebuch über ihn, andererseits blieb sie ihm gerade in den ersten prägenden Lebensjahren fremd. Die Fotos, die sie als liebevolle Mutter zeigen, auf deren Schoß das Baby sitzt oder um deren Hals der Dreizehnjährige im Berliner Atelier seinen Arm legt, täuschen. Dem eingesessenen schottischen Clan der Balfours entstammend, hielt sich die Mutter während Stevensons Kindheit und Jugendzeit vorzugsweise im Bett auf. Wie es sich für eine Dame der gehobenen Edinburgher Schicht gehörte, neigte sie wohl zur Hypochondrie und behauptete, an einer Lungenkrankheit zu leiden, die sie an der Aufrechterhaltung eines funktionierenden Haushalts hinderte. In den Jahren nach dem Tod ihres Mannes, in denen sie voller Unternehmungslust Stevenson

Margaret Isabella Stevenson, geborene Balfour, Robert Louis Stevensons Mutter. Aufnahme nach 1887.

Robert Louis Stevenson steht hinter seiner Mutter, die ein dunkles Kleid trägt. Bei der Frau in heller Garderobe handelt es sich um seine Cousine Bessie, die Tochter seines Onkels David Stevenson. Die Aufnahme wurde im Frühjahr 1863 in Berlin gemacht.

Die Altstadt des Kurortes Mentone. Historische Ansichtskarte.

700. — MENTON.   La Vieille Ville.   ND Phot.

auf einigen seiner Reisen in die Südsee begleitete, wich das ausgestellt
Filigrane einer zähen Resolutheit. Ihr erging es vermutlich wie ihrem
Sohn, der seine gesundheitliche Disposition von ihr geerbt hatte: Auf
dem Pazifik spielte die schwache Konstitution kaum noch eine Rolle.
Sie nahm ihren Sohn regelmäßig zu Kuraufenthalten nach Südfrank-
reich mit und schon als Zwölfjähriger absolvierte Stevenson mit
seinen Eltern und Cummy eine Art »Grand Tour«: Die Reise führte sie für zwei Monate ins südfranzösische Mentone, anschließend
besichtigte man zahlreiche italienische Städte und fuhr über den
Brenner und Deutschland zurück nach Edinburgh. Natürlich wurde
nur in den besten Hotels übernachtet, ein Luxus, den sich Stevenson
auch später noch gelegentlich leistete. 1865 reiste er noch einmal mit
der Mutter nach Torquay. Danach bestimmte der Vater die Ziele und
nahm ihn zu seinen Leuchttürmen und Häfen in Orkney, Shetland,
Anstruther und Wick mit.

Stevenson war als knapp Zwanzigjähriger schon absolut welterfahren.
Er beherrschte mehrere Sprachen, war sehr gewandt im gesellschaft-
lichen Umgang und hatte sich trotz einer gewissen Reiseroutine seine
Unvoreingenommenheit bewahrt, die ihm später viele Türen öffnen
sollte. Es fiel ihm daher nach der Entfremdung von den Eltern nicht
schwer, Edinburgh zu verlassen. Seine erste Reise, die er ohne die
Begleitung seiner Familie unternahm und die den Beginn seines un-
steten Wanderlebens markiert, führte ihn im November 1873 auf An-
raten seines Arztes noch einmal nach Mentone. Auf dem Rückweg
besuchte er Paris, die Stadt seiner Vagantenträume, das Zentrum der
Dekadenz, den Inbegriff einer imaginierten Freiheit.

Von nun an war Stevenson fast ständig unterwegs und publizierte
peu à peu erste Essays und Reiseberichte: Im Dezember 1873 war in
der Zeitschrift *Portfolio* sein das Wandern lobpreisender Text *Roads*
erschienen – erstmals gegen Honorar und noch unter dem Pseudonym L. S. Stoneven; im Mai 1874 veröffentlichte das *Macmillan's Magazine* den Aufsatz *Ordered South*, der seine Kuraufenthalte themati-
siert. Im Frühjahr 1875 besuchte Stevenson zusammen mit seinem
Cousin Bob erneut Paris und die Künstlerkolonie in Barbizon, ein
Nachbarort von Grez-sur-Loing, wo er im darauffolgenden Jahr seiner zukünftigen Ehefrau Fanny begegnen wird. Im August durch-
querte er mit seinem Studienfreund Walter Grindlay Simpson, mit
dem er schon Kanutouren entlang der Ostküste Schottlands und eine
Kreuzfahrt zu den Inneren Hebriden unternommen hatte, das Fluss-
tal des Loing. Und im Anschluss an eine Winterwanderung nach

14. COMPIÈGNE — Grand'Place · Hôtel de Ville
Statue Jeanne d'Arc

Carrick und Galloway im Januar 1876, bei der Stevenson auch den Ort Ballantrae besuchte, startete er im August in Antwerpen – wieder mit Simpson – eine Kanureise auf der Sambre und der Oise, die am 14. September in Pontoise, kurz vor Paris, endete.

Über diese Reise hat Robert Louis Stevenson eines seiner schönsten Werke verfasst: *An Inland Voyage*. Es erschien 1878 als seine erste eigenständige Buchveröffentlichung und begründete seinen Ruhm. Der Text ist, wie sein Übersetzer Alexander Pechmann begeistert formuliert, »von einer ungestümen Lebenslust, einer charmanten Heiterkeit, einer trotzigen, antibürgerlichen Haltung und einer geradezu philosophischen Gelassenheit« geprägt, dass man sich fragen muss, wann dieser gerade einmal 24 Jahre junge Autor sein Talent gebildet hat. Mag sein, dass Stevenson seinen endgültigen Platz noch längst nicht gefunden hatte, aber dieses wundervolle Buch, das Bilder evoziert, die den Leser in ein grundsätzlich freundliches Verhältnis zur Welt treten lassen, konnte nur entstehen, weil Stevenson in eine Phase der Konsolidierung und des Innehaltens eingetreten war: Die Stürme der Jugendzeit waren vorüber; seine Eltern, die ihn weiterhin finanzierten, waren zwar nicht versöhnt, aber vorerst beruhigt. Die ersten Erfolge stellten sich ein – Resulat seiner Beobachtungsgabe, der Ausprägung eines eigenen Stils, seines sicheren Umgangs mit literarischen Techniken und nicht zuletzt seiner Herzensbildung. Es scheint, als hätte diese Kanureise durch Belgien und Frankreich, die von überwiegend schlechtem Wetter begleitet wurde, während einer gemäßigten Lebensphase stattgefunden, in einer Art Traumzeit, die Stevenson erst in der Südsee wieder erleben sollte. *An Inland Voyage* ist noch frei von jenen romantischen Lebensweisheiten, die in kommenden Essays zu finden sind und die seine Kritiker für altklug hielten. Sie ist ein Werk aus dem Geiste Pans, jenes bocksbeinigen Gottes, der die Wollust und den Teufel, aber auch die Musik und die Fröhlichkeit symbolisiert. Davon zeugt nicht nur das Frontispiz des Buches, sondern auch die Tatsache, dass Stevenson zur gleichen Zeit den Essay *Pan's Pipes* schrieb, in dem er Pan als den letzten legitimen Gott und als »Typus der unkultivierten Welt« feiert. Die Zeilen von *An Inland Voyage* atmen die stillstehende Luft der Mittagsstunde, in der der Hirtengott am Ufer des Flusses Ladon ruht und seiner geliebten, in Schilfrohr verwandelten Nymphe Syrinx Klagelaute entlockt – eine »Apotheose der Benommenheit«, wie sie auch Stevenson auf dem Fluss erfährt: »Das, was Philosophen als Ich und Nicht-Ich, *ego* und *non-ego*, bezeichnen, beschäftigte mich, ob ich wollte oder nicht. Es gab weniger Ich und mehr Nicht-Ich, als ich für gewöhnlich

»Athelred [Simpson] bietet einem das Schauspiel eines aufrichtigen, etwas schwerfälligen Gemüts, dem man beim Denken zusehen kann. Von allen, die ich je kannte, ist er der letzte, der in einer Konversation glänzen könnte. So kann es passieren, dass er minutenlang mit einem störrischen Witz ringt, nur um am Ende dessen Pointe zu vermasseln. Und es ist außerordentlich einnehmend, manchmal lehrreich, wie er auf diese Weise gleichermaßen den Prozess wie das Ergebnis sichtbar macht, das Uhrwerk ebenso wie das Zifferblatt der Uhr.«
(Robert Louis Stevenson: *Talk and Talkers: I*)
Walter Grindlay Simpson (1843–1898).

Frontispiz der Erstausgabe von *An Inland Voyage*, erschienen 1878 im Verlag C. Kegan Paul & Co.

»Mein größtes Entzücken in Compiègne galt dem Rathaus. Ich war in das Rathaus regelrecht vernarrt. Es ist ein Denkmal gotischer Unbestimmtheit, mit Türmchen und Wasserspeiern, von einem halben Dutzend architektonischer Launen verziert. Einige der Nischen sind vergoldet und bemalt, auf einer großen rechteckigen Tafel in der Mitte, in schwarzem Relief vor vergoldetem Hintergrund, reitet Ludwig XII. auf einem Pferd im Passgang, mit einer Hand an der Hüfte, in den Nacken geworfenem Kopf. Jede Linie dieses Porträts zeugt von königlicher Arroganz.«
(Robert Louis Stevenson: *Das Licht der Flüsse*, S. 112.)

Compiègne an der Oise. Historische Ansichtskarte.

Fanny, Robert Louis Stevenson, Belle
Strong und Margaret Stevenson in
Sidney (von links nach rechts). Foto
vom März 1893.

erwarten würde. Ich beobachtete jemand anderen, der das Paddeln übernahm [...]; mein eigener Körper schien nicht mehr zu mir zu gehören als das Kanu oder der Fluss oder die Flussufer. Und damit nicht genug: Etwas in meinem Verstand, ein Teil meines Hirns, eine Provinz meines wahren Wesens hatte die Gefolgschaft aufgekündigt und war auf eigene Faust unterwegs oder vielleicht für jenen anderen, der das Paddeln übernommen hatte. Ich war zu einem ziemlich kleinen Ding in einem Winkel meines Bewusstseins geworden. Ich war in meinem eigenen Schädel isoliert.«

Margaret Stevenson, die in der Südsee ihrem Sohn zuliebe alle Strapazen auf sich nehmen und frei von jeder Berührungsangst neugierig-stoisch die Welt betrachten wird, sehen wir 1893 wieder; sie sitzt auf der Lederrécamière im Atelier eines Sidneyer Fotografen und sieht streng, angespannt und leicht pikiert aus. Wie bei den anderen Familienmitgliedern wirken ihr Kopf und ihre Miene, als wären sie über der Anstrengung, sich nicht bewegen zu dürfen, erstarrt.

H.S. Mendelssohn

27 CATHCART ROAD
SOUTH KENSINGTON
LONDON & NEWCASTLE

Die seltsame Frau

Man kann den ganzen Tag paddeln, doch wenn man bei Einbruch der Nacht zurückkehrt und in das vertraute Zimmer blickt, merkt man, dass Liebe und Tod neben dem häuslichen Herdfeuer warten und die schönsten Abenteuer nicht die sind, nach denen wir suchen.« Mit diesen Worten schließt Stevensons vielversprechendes Debüt *An Inland Voyage* – und seine Prophezeiung sollte sich, zumindest was die Liebe betrifft, kurze Zeit später erfüllen. Im September 1876, nach Ankunft der Kanuten in Pontoise, besuchte Stevenson seinen Cousin Bob im Hôtel Chevillon in Grez-sur-Loing. Der dort versammelten Künstlergesellschaft gehörte auch Frances (Fanny) Osbourne, geborene van de Grift an. Die Amerikanerin war mit ihren beiden Kindern, dem achtjährigen Lloyd und der achtzehnjährigen Isobel aus Paris angereist, wo wenige Wochen zuvor ihr Sohn Hervey fünfjährig an Tuberkulose verstorben war. Bereits mit siebzehn Jahren hatte Fanny den Sekretär des Gouverneurs von Indiana, Samuel Osbourne, geheiratet; es war eine unglückliche Ehe und Fanny entschied sich 1875, mit den Kindern in die französische Hauptstadt zu ziehen, um Kurse der berühmten Kunstakademie Julian im 2. Pariser Arrondissement zu besuchen. Die Sommermonate verbrachte sie in Grez, um im nahegelegenen Wald von Fontainebleau zu zeichnen.

Es war sicher keine Liebe auf den ersten Blick, als die eigenwillig schöne, zehn Jahre ältere Fanny den aufstrebenden Schriftsteller zum ersten Mal sah. Sie hielt ihn anfangs für einen hysterischen jungen Mann, einen langen, dürren Schotten, mit einem Gesicht wie von Raffael gemalt. Auch Stevenson ließ zwei lange Jahre verstreichen, bis er begriff, dass er diese zur Schwermut neigende Frau liebte. Als 1878 Samuel Osbourne die finanzielle Unterstützung seiner Frau einstellte, blieb Fanny nichts anderes übrig, als nach Amerika zurückzukehren, um die familiäre Situation endgültig zu klären – ein folgen-

Fanny Stevenson in Bournemouth, 1885.

reicher Abschied. Der verzweifelte Stevenson hatte bereits von einer Heirat geträumt und in den Monaten des Verliebtseins nach langer Schaffenspause begonnen, wieder intensiv literarisch zu arbeiten. Im Februar 1877 war sein Essay *On Falling in Love* erschienen, im Oktober veröffentlichte er *A Lodging for the Night*, seine erste publizierte Erzählung. Mit dieser Kurzgeschichte setzte er seinem Idol François Villon ein Denkmal und porträtierte sich selbst als vagabundierenden Dichter, dessen impulsive Untaten nicht über sein reines Herz hinwegtäuschen – ein Selbstbildnis als gefallener Engel. Es folgten Erzählungen, die 1880 als *New Arabian Nights* gedruckt wurden, sowie die wunderbare Geschichte von *Will O' the Mill*, über die Stevenson im Vorwort zu *The Merry Men* bemerkt: »Ich wünschte, ich könnte *Will O' the Mill* und *Markheim* ebenso bewundern, wenn sie von jemand anderem geschrieben worden wären; aber ich bin froh, dass niemand anders sie geschrieben hat.«

Verlassen und in eine ungewisse Zukunft blickend, unternahm Stevenson erneut eine Wanderung, dieses Mal durch die Cevennen – nur begleitet von der so zu literarischem Ruhm gelangten Eselin Modestine. Im daraus resultierenden Reisebuch *Travels with a Donkey in the Cévennes* (1879) imaginiert der liebeskranke Romantiker beim Kampieren unterm Sternenhimmel die unerreichbare Fanny: »Die äußere Welt, vor der wir uns in unsere Häuser ducken, schien mir nun doch ein netter, wohnlicher Ort zu sein […]. Und doch wurde ich mir, während ich noch in Einsamkeit frohlockte, eines seltsamen Mangels bewußt: ich sehnte mich nach einer Begleiterin, die neben mir im Sternenlicht läge, schweigend, ohne sich zu rühren […]. Und gemeinsam mit einer Frau, die man liebt, in der freien Natur zu leben, das ist von allen Leben das erfüllteste und freieste.« Nur wenige Monate nach diesem zwölftägigen Fußmarsch wird Stevensons Biographie einen dramatischen Einschnitt erfahren; er wird sich entschließen, in ein neues Leben aufzubrechen, das ganz andere Rollen für ihn bereithalten sollte: den Ehemann, den Vater, den erfolgreichen Schriftsteller.

Woher kam Stevensons Faszination für diese »seltsame Frau«, von der er in einem Brief an James Matthew Barrie, den Schöpfer des *Peter Pan*, sagt: »Sie sorgt sich um jeden, sie wird sich auch um Dich sorgen, nur sich selbst kann sie nicht helfen. Der leibhaftige Partisan: Ein ungestümer Freund, ein teuflischer Feind. […] Immer wird sie entweder gehasst oder sklavisch verehrt, ihr gegenüber gleichgültig zu sein, ist unmöglich. Den Einheimischen ist sie unheimlich, sie

Die Künstlergruppe um Stevensons Cousin Robert Alan Mowbray (Bob) im Garten des Hotels Chevillon in Grez-sur-Loing mit der berühmten Brücke im Hintergrund. Foto von 1877. Von links nach rechts, stehend: Anthony W. Henley, der Bruder von William Ernest Henley, Frederic Bentz, Chevalier G. Palizzi, Bob Stevenson in gestreiften Socken, Frank O'Meara, Ernest Parton und William Simpson, der jüngere Bruder von Walter Grindlay Simpson.

Fanny Osbourne zur Zeit ihrer ersten Begegnung mit Stevenson.

Robert Louis Stevenson mit 27 Jahren. Radierung von Theodore Blake Wirgman nach einer Zeichnung von Fanny Osbourne.

Chasseradès im Département Lozère, Etappenziel auf Stevensons Cevennenreise. Historische Ansichtskarte.

Frontispiz der Erstausgabe von *Travels with a Donkey in the Cévennes*, erschienen 1879 bei Roberts Brothers in Boston. Holzschnitt von Walter Crane.

Das Château de Beaufort von Goudet aus gesehen. Von Robert Louis Stevenson während seiner Wanderung durch die Cevennen gefertigte Zeichnung.

Château Beaufort from Goudet sur Loire.

glauben, der Teufel ist ihr zu Diensten. Sie träumt Träume und hat Visionen.« Fanny war vollkommen anders als er, sie war schlichtweg »die Andere«! Sie kam aus der Neuen Welt, war lebenspraktisch, tatkräftig, selbstbewusst. Wenn sich Gegensätze tatsächlich anziehen, dann war Fanny die passende Frau für Stevenson. Und was schätzte Fanny umgekehrt an ihm? Offenbar bot er ihr all das, was sie bislang vermisst hatte: Verständnis, Höflichkeit, ein gebildetes Umfeld und vor allem jemanden, um den sie sich kümmern konnte. Sie lebten zusammen und führten doch ihr jeweils eigenes Leben: Stevenson lag – ob auf dem Meer oder auf dem Festland – im Bett und schrieb; Fanny organisierte den Haushalt und pflegte ihn. Zu Stevensons Aussteuer gehörte der Kontakt zur literarischen Elite Englands, das Versprechen von Ruhm und Wohlhabenheit, sein Optimismus. Er war ihre Rettung, weil sie ihn von nun an retten konnte. Fanny brachte Pragmatismus und Stolz mit, Eigenschaften, die sie weder bei den schottischen Familientreffen noch auf den abgelegenen Inseln vermissen ließ. Und mit ihr kam ihr Sohn Lloyd in die Ehe, der Stevenson die Tür zum Spielzeugtheater Welt aufhalten sollte.

Am 7. August 1879 schiffte sich ein körperlich geschwächter Mann namens Robert Stephenson auf dem Auswandererschiff »Devonia« ein, um nach New York überzusetzen. Stevenson, der sich hinter diesem fadenscheinigen Pseudonym verbarg, hatte von Fanny ein Telegramm unbekannten Inhalts erhalten, das ihn veranlasst hatte, umgehend die Passage zu buchen. Nur wenige Freunde wurden über diesen Schritt informiert. Dass er auf der Überfahrt die Erzählung *The Story of a Lie* schrieb, mag ein Indiz dafür sein, dass Stevenson die Bedeutung seines Entschlusses für die eigene Biographie ahnte. Am Tag vor der Abreise ließ er Sidney Colvin im Abschiedsbrief wissen: »Ich war noch nie so sehr vom Leben entfernt, ich fühle mich, als wäre ich für niemanden verantwortlich, und was mich selbst betrifft, so kann ich überhaupt nicht an meine eigene Existenz glauben. Ich scheine letzte Nacht gestorben zu sein […]. Ich kann ehrlich sagen, dass ich in diesem Moment weder irgendein Bedauern, eine Hoffnung, eine Angst oder eine Neigung empfinde […]. Ich war noch nie in einem solchen Zustand. Ich habe gerade mein Testament gemacht und Aimards Romane gelesen! Que le monde est bête!« Auf der »Devonia« sah sich Stevenson massiv mit dem Elend der modernen Welt konfrontiert, mit Menschen, deren Armut er in seinen Edinburgher Rebellionstagen noch idealisiert hatte. Seine Erlebnisse hielt er in *The Amateur Emigrant* fest, in dem er einen völlig neuen literarischen Ton anschlägt. Es finden sich hier kaum noch jene

Emigranten auf dem überfüllten Deck eines Auswandererschiffes. Aufnahme um 1890.

»Aber San Francisco hat viele Gesichter. Es ist nicht nur die interessanteste Stadt der ganzen Union, nicht nur der größte Schmelztiegel der Rassen und edlen Metalle. San Francisco bewacht auch das Tor zum Pazifik, es ist der Hafen in eine andere Welt und eine frühere Epoche menschlicher Geschichte. Nirgends sonst kannst du so viele große Segler sehen [...], bemannt mit braunhäutigen, freundlichen, sanftäugigen eingeborenen Matrosen, [...] die eine Mär von den lärmenden Stränden ihrer Heimat erzählen.« (Robert Louis Stevenson, *Der Ausschlachter*, S. 141–142.)

Die Bush Street in San Francisco, in der Stevenson von Dezember 1879 bis März 1880 wohnte. Aufnahme um 1875.

verträumten, mit einer milden Heiterkeit vorgetragenen Schilderungen früherer Reiseberichte. Die Szenerien auf dem Schiff wären eher Stoff für die Feder seines Antipoden Émile Zola gewesen; als Kulisse für das Spielzeugtheater taugten sie jedenfalls nicht. Aber Stevenson zeigt sich als ernstzunehmender Chronist der realen Zustände. Als »Amateuremigrant« wusste er zwar, dass die Empfindung seiner eigenen Deklassierung, resultierend aus Erfolglosigkeit, Krankheit und Liebeskummer, nicht mit der Not der anderen Passagiere vergleichbar war, betrachtete sich aber doch als einen der ihren: »Das Zwischendeck hatte mich besiegt; ich glich mich mehr und mehr der Atmosphäre des Ortes an, nicht nur im Benehmen, sondern auch in meinem Wesen.« Auch wenn Stevenson hier möglicherweise in einer neuen Rolle posiert – sein Mitgefühl für die Ausgestoßenen hat dem Leser einen der ungeschminktesten Texte über die Lage der Auswanderer in jener Zeit beschert.

In Amerika angekommen, reiste er mit dem Zug weiter nach Kalifornien: »Ich hatte bisher keine Ahnung«, notiert er in einem Brief an Colvin, »wie leicht es ist, Selbstmord zu begehen. Es scheint von mir mittlerweile nichts mehr übrig geblieben zu sein; ich starb schon vor einer ganzen Weile und ich weiß überhaupt nicht, wer das ist, der hier reist.« Als er endlich, völlig erschöpft, in Monterey ankam, musste er entdecken, dass Fanny im vergangenen Jahr keinerlei Anstalten unternommen hatte, sich von ihrem Mann loszusagen. Und als sie Stevenson bat, sich vorerst von ihr fernzuhalten, ging der desillusionierte Dichter in das Santa-Lucia-Gebirge, um einige Tage im Freien zu kampieren. Dort brach er zusammen, lag drei Tage halb bewusstlos unter einem Baum und wurde von einem Bärenjäger aufgelesen, der ihn auf seiner Ranch pflegte. Während seiner Abwesenheit war allerdings Bewegung in die Scheidungsangelegenheit gekommen. Vielleicht hatte Stevensons Ankunft Fannys Entschlusskraft gestärkt, im Januar trennte sie sich jedenfalls von Sam Osbourne. Und als der mittlerweile in San Francisco wohnende Stevenson im Mai ein Telegramm von seinen Eltern erhielt, das ihm eine Zuwendung von 250 Pfund jährlich versprach, stand der Hochzeit nichts mehr im Weg. Am 19. Mai 1880 heiratete Robert Louis Stevenson Fanny van de Grift in der Wohnung eines schottischen Geistlichen. Die Flitterwochen verbrachten sie in den verwaisten Silberminen von Napa Valley, wo das Paar in einer einfachen Holzhütte hauste und das Eheleben erprobte. Am 17. August, auf den Tag genau ein Jahr nachdem Stevenson in New York angekommen war, erreichte die neue Kleinfamilie Liverpool, wo Stevensons Eltern auf sie warteten.

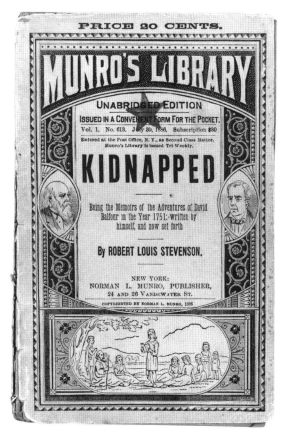

Fünf Jahre später porträtierte der amerikanische Maler John Singer Sargent Robert Louis Stevenson. Das Ergebnis – eines seiner berühmtesten Werke – zeigt ihn in einer Pose, die von seinen Fotografien bekannt ist: Der überaus hagere Schriftsteller hält im Laufen inne und schaut den Betrachter direkt an. Die Aufteilung des Bildes ist bemerkenswert, es wird von der zentral gelegenen, offenen Tür beherrscht; während Stevenson zur linken Seite aus dem Bild zu gehen scheint, ist am äußersten rechten Rand eine Frau zu erkennen, die lässig in einem Sessel sitzt und in die entgegengesetzte Richtung blickt: Fanny. Wir sehen das seltsame Paar in seinem Haus »Skerryvore« in Bournemouth, auf den Klippen von Westbourne, das Thomas Stevenson als verspätetes Hochzeitsgeschenk kaufte und das beide bis 1887 bewohnen sollten. Für Fanny war das eigene Heim die Erfüllung ihrer kleinbürgerlichen Träume. Hier übte sie sich in der Verwaltung eines Anwesens, hier benahm sich die Amerikanerin englischer als jeder Engländer, hier setzte sie sich in Szene. An Will Hicok Low schrieb Stevenson am 22. Oktober 1885 über das Gemälde: »Sargent […] hat ein Porträt von mir gemalt, auf dem ich durch mein eigenes Speisezimmer gehe – in meiner eigenen samtenen Jacke – und beim Gehen meinen Schnurrbart drehe […]. Das Bild ist, glaube ich, exzellent, aber es ist zu exzentrisch, um ausgestellt zu werden. Ich bin in der einen äußersten Ecke, meine Frau, in diesem wilden Kleid wie ein Gespenst aussehend, am anderen äußeren Ende. […] All dies ist sehr schön dargestellt, mit dieser geistreichen Sargent-Note, aber natürlich sieht es verdammt sonderbar als Ganzes aus.«

Die Jahre in Bournemouth waren Stevensons produktivste Zeit: Er schrieb *Strange Case of Dr Jekyll and Mr Hyde* und es entstand das im Schottland von 1751 spielende Buch *Kidnapped*. Es beginnt als Mischung aus empfindsamem Roman und Gothic Novel und verwandelt sich mit der Entführung des Protagonisten David Balfour zu einer formidablen Abenteuergeschichte. »Das ist ein großes Epos, förmlich eine Odyssee, die Ihr da hinter Euch habt«, wird an einer Stelle der Anwalt Rankeillor sagen, nachdem er sich die Erzählung von der gemeinsamen Flucht des puritanischen David Balfour und seines bewunderten Gegenspielers, des Jakobiten Alan Breck, angehört hat. Alan ist eine Figur wie Long John Silver und später James Durie – genialisch, überlegen, furchtlos, ein wahrer Held, der einen Ehrenplatz in Stevensons papiernem Welttheater einnimmt. Doch David kann ihm nur mit einer Art Hassliebe begegnen: Er schwankt zwischen vorbehaltloser Bewunderung für die Kühnheit und Vitalität seines Gefährten und der Verachtung seiner moralischen In-

Blick vom West Cliff in Bournemouth, England. Foto zwischen 1890 und 1900.

Stevensons Roman *Kidnapped. Being the Memoirs of the Adventures of David Balfour in the Year 1751* erschien 1886 parallel zur englischen und amerikanischen Ausgabe als Nummer 673 der von Norman Leslie Munro herausgegebenen »Munro's Library«.

»Auf der Insel von Erraid.« Illustration von Newell Convors Wyeth aus der 1913 in New York bei Charles Scribner's Sons erschienenen Ausgabe von *Kidnapped*.

John Singer Sargent (1856–1925): *Robert
Louis Stevenson und seine Frau*. Gemalt im
August 1885 in Bournemouth.

konsequenz, seines Leichtsinns und seiner Angeberei. Der an Jim Hawkins aus *Treasure Island* erinnernde David Balfour – beide gleichen sich im Erkennen atmosphärischer Unstimmigkeiten und in ihrer zur Tat anspornenden Furcht – war auf die Brigg »Covenant« verbracht worden, die wenig später den fahnenflüchtigen Alan im Meer aufliest. Als die Schiffsmannschaft Alan berauben und ermorden will, schlägt sich David auf die Seite des Jakobiten und erschießt zwei Seeleute, um ihm und sich selbst das Leben zu retten. Dann kommt es am Torranriff zum Schiffbruch und David, der sich ans Ufer retten kann, verliert Alan aus den Augen. Er begegnet ihm erst im Wald von Lettermore wieder, wo er Zeuge des (historischen) hinterhältigen Mordes an Colin Roy Campbell of Glenure wird. David hält Alan für den Täter. Auf der Flucht durch das schottische Hochland versucht er vergeblich, dem vermeintlichen Mörder an seiner Seite zu entkommen. Die Spannung des Romans entsteht aus der immer größer werdenden Angst Davids, der sich bald mehr vor der wilden Landschaft und vor seinem eigenen Gewissen fürchtet als vor der Gefangennahme durch die englischen Soldaten. Sowohl in den Highlands als auch in seinem Herzen lauern die größeren Gefahren.

Als Fanny auf der Bildfläche erschien, zerbrachen Freundschaften. Zwar festigte sich in Bournemouth Stevensons Beziehung zu Henry James, die aus einem Briefwechsel über die Bedeutung der *romance*, der Abenteuergeschichte, entstanden war. Sie kann als eine der wenigen Freundschaften gelten, die bis an Stevensons Lebensende hielt und auch Fanny einbezog. Andere Freunde begannen, das Paar zu meiden, denn Fanny neigte dazu, jeden, der Stevensons Gesundheit schaden könnte, zu vertreiben. Vor allem der Schriftsteller William Ernest Henley, der Vertraute aus frühen Zeiten, war spätestens nach Stevensons Wegzug aus Europa nicht mehr gut auf ihn zu sprechen. Henley, der mit 19 Jahren sein linkes Bein infolge einer Tuberkuloseinfektion verloren hatte, war Stevensons Vorbild für die Figur des Long John Silver. Zusammen mit ihm, dessen Vitalität »einen von den Füßen fegte«, wie es Lloyd Osbourne einmal ausdrückte, hatte Stevenson insgesamt vier Theaterstücke verfasst, darunter *Deacon Brodie*; Henley gab auch Stevensons frühen Essayband *Virginibus Puerisque* sowie *New Arabian Nights* heraus. Zum Bruch kam es zwischen den beiden, als Henley 1888 Fanny des Plagiats bezichtigte. Die Versöhnung blieb aus; und als Fanny, dem testamentarischen Wunsch ihres Mannes folgend, dem alten Freund die britische Flagge der »Casco« schickte, mit der Stevensons Leichnam auf dem Totenbett bedeckt war, sandte Henley sie zurück. Anlässlich der 1901 er-

schienenen Biographie von Graham Balfour lancierte Henley dann im *Pall Mall Magazine* einen Artikel, der sich vehement gegen das von Balfour gezeichnete Stevenson-Bild richtete. »Für mich«, so Henley, »gab es zwei Stevensons: den Stevenson, der 1887 nach Amerika ging, und den Stevenson, der nie zurück kam. [...] In der Südsee fiel die Maske, die Züge wurden ein wenig stereotyp. [...] Es werden die Tage kommen, dann werde ich vielleicht über ihn schreiben und erzählen, was von ihm zu erzählen ist. [...] Ich werde einen Eindruck von Stevenson vermitteln, der mein eigener ist, und er wird nichts mit diesem Schokoladenengel, mit dieser Malzbonbon-Nachbildung eines wirklichen Menschen zu tun haben [...].«

»Burly [Henley] ist ein Mann von großer Präsenz; er beherrscht eine größere Atmosphäre und vermittelt den Eindruck, einen größeren Charakter als die meisten Menschen zu haben. Es wurde von ihm gesagt, dass man seine Präsenz in einem Raum mit verbundenen Augen spüren kann. [...] Burly's Art zu diskutieren hat etwas Ungestümes und Piratisches.« (Robert Louis Stevenson: *Talk and Talkers: I*)
Der englische Autor und Literaturkritiker William Ernest Henley (1849–1903).

Der amerikanische Schriftsteller Henry James (1843–1916). Aufnahme um 1910.

»Wenn er über diese Zeit sprach, sagte Robert Louis Stevenson: ›Ich hatte sechs Freunde: Bob schon von Hause aus, dann den guten James Walter [Ferrier], als nächstes traf ich auf Baxter, als vierter kam Simpson hinzu, irgendwann zur gleichen Zeit freundete ich mich mit Jenkin an, und schließlich noch mit Colvin.‹« (E. Blantyre Simpson: *The Robert Louis Stevenson Originals*, S. 70.)

Sidney Colvin (1845–1927), Stevensons literarischer Mentor und Herausgeber seiner Werke. Ohne Datum.

Die Träume der Jungen

loyd Osbourne. Der Junge. Die Einheimischen nennen ihn Loia. Sechs Fuß groß. Blond. Brille. Britische Brille. Seine Art zu sprechen variiert zwischen elaborierter Höflichkeit und frostigem Hochmut. Entschieden witzig. Erstaunlich unwissend – der typische junge Mann, dessen Bildung man vernachlässigt hat, […] doch irgendwie bemerkt man es nie. […] Hat für sein Alter schon einen riesigen Teil der Welt gesehen. Hat nichts von der Jugend behalten außer etwas von ihrer Intoleranz. […] Wenn er gut ist, ist er sehr gut, aber wenn er verärgert ist, ist er schrecklich. […] Er ist der lockenköpfige Junge seiner Mutter.«

Als Robert Louis Stevenson 1893 die Steckbriefe seiner Familienmitglieder an James Matthew Barrie schickte, waren die von Stevenson und Lloyd Osbourne gemeinsam verfassten Romane *The Wrong Box* und *The Wrecker* bereits erschienen; mit der Fertigstellung des dritten Gemeinschaftswerks mühte sich Stevenson gerade ab. Man erfährt aus Lloyds Porträt: Auch er wusste sich in Szene zu setzen, trotzdem gelang es ihm nie ganz, aus dem Schatten seines Stiefvaters zu treten. Sein Anteil am literarischen Schaffen von Stevenson wird in der einschlägigen Sekundärliteratur oft marginalisiert oder verschwiegen – womit nicht nur Lloyd, sondern auch Stevenson massiv Unrecht getan wird. Denn der Stiefsohn war für Stevenson mehr als nur ein kleiner Junge, der in ihm einen Vaterersatz sah, und mehr als nur ein literarischer Zuarbeiter. Ohne Lloyd Osbourne wäre Stevenson nicht so berühmt geworden. Er war Anlass und Triebfeder für die Entstehung von *Treasure Island* und hat nach Stevensons Tod fleißig an den ihn umrankenden Heiligenlegenden mitgestrickt. Lloyd brachte in die Beziehung zu dem an seinem düsteren, windigkalten Edinburgher Erbe kauenden Stevenson sein amerikanisches Naturell ein. Allerdings war die Kindheit des 1868 Geborenen alles andere als unbeschwert: Die Reisen quer durch Amerika und Europa,

Lloyd Osbourne in der Tracht eines Häuptlings der Marquesas-Inseln. Neben dem Fußkettchen, einem Rock, einem Lendentuch und einem Halsband trägt er als Kopfschmuck eine Schildpattschale auf der Stirn. Auf dem Boden steht eine Trommel. In der rechten Hand hält er eine Kampfkeule, die mit einem Tiki-Gesicht verziert ist. Aufnahme von Joseph Strong.

Rich. Friedel R Davos-Platz.
(SCHWEIZ)

Robert Louis Stevenson 1882 in Davos.
Foto von Richard Friedel.

Illustration zu *Robin and Ben or the Pirate and the Apothecary* in den *Moral Tales*. Die von Stevenson gefertigten Holzschnitte und die dazugehörigen Texte entstanden 1882 für das letzte der sogenannten »Davos-Hefte«, die mit den *Moral Emblems* ihren Anfang nahmen. Die Geschichte wurde zwar noch in Davos geschrieben und illustriert, aber nicht mehr auf Lloyd Osbournes Spielzeugpresse gedruckt.

Davos Dorf mit dem Seehorn im Hintergrund. Aufnahme von 1890.

THE PIRATE AND THE APOTHECARY : SCENE THE THIRD

die ihn gleichermaßen Unbehaustheit und Freiheit erfahren ließen, das Regiment der resoluten Mutter und der älteren Schwester, das nach dem qualvollen Tod des Bruders in eine mit Trauer grundierte Überbehütung umschlug, das Auf-sich-gestellt-Sein und die Flucht in Träume von tollkühnen Abenteuern, die doch nur Ausdruck seines Wunsches nach der Beherrschbarkeit seiner Situation waren – all das erklärt vielleicht, mit welcher Bereitwilligkeit sich Lloyd Osbourne dem Einfluss seines neuen Vaters aussetzte. In Stevenson fand er jemanden, der sich ihm zuwandte und der spürte, dass dieses eigenwillige Kind in ähnlichen Phantasiewelten unterwegs war wie er selbst. Lloyd eröffnete dem jungen Autor die Möglichkeit, seine Kindheitsträume als Erzählraum zu entdecken, er schloss ihm die Tür zum bunten und kontrastvollen Kosmos des Skeltschen Theaters mit seinen säbelschwingenden Piraten und fliehenden Schotten wieder auf, zu seinen eigenen licht- und schattenreichen Imaginationen.

Im November 1880 reiste die junge Familie zum Kuraufenthalt ins schweizerische Davos. Das seltsam zeitenthobene, in winterliche Watte gepackte Kurleben, das Thomas Mann in *Der Zauberberg* für die literarische Ewigkeit festhielt, muss auf die agilen, unternehmungslustigen Schotten wie ein Sedativum gewirkt haben. Kein Wunder, dass Lloyd Osbourne auf Abwechslung sann. Er hatte eine kleine Handdruckerpresse im Gepäck und begann, für die vom Hotel Belvedere veranstalteten Sonntagskonzerte Programmzettel herzustellen. Stevenson unterstützte den amerikanischen Geschäftssinn des zwölfjährigen Jungen und lieferte ihm das Manuskript einer kleinen Gedichtsammlung *Not I, and other Poems*, die Lloyd vervielfältigte und gewinnbringend an die Kurgäste veräußerte. Angespornt vom Erfolg versuchte sich Stevenson im Holzschnitt und fertigte Illustrationen für eine weitere Reihe von Gedichten an, die *Moral Emblems*. Die große Anerkennung, die dieser kleine Band nicht nur beim Davoser Publikum fand, sollte sich rückblickend als nebensächlich angesichts der Resonanz erweisen, die Stevenson mit einem anderen, in Davos begonnenen Buch haben wird, seinem ersten Roman: *Treasure Island*.

Die Entstehungsgeschichte des in Millionenauflagen erschienenen Werkes ist hinlänglich bekannt. Stevenson schildert in seinem Essay *My First Book*, wie er im verregneten schottischen Braemar wegen seiner schwachen Gesundheit das Haus nicht verlassen konnte und mit Lloyd spielte: »Bei einer dieser Gelegenheiten zeichnete ich die Karte einer Insel. Sie war aufwendig und (wie ich fand) sehr schön koloriert. Ihre Gestalt nahm meine Phantasie sofort gefangen, sie besaß

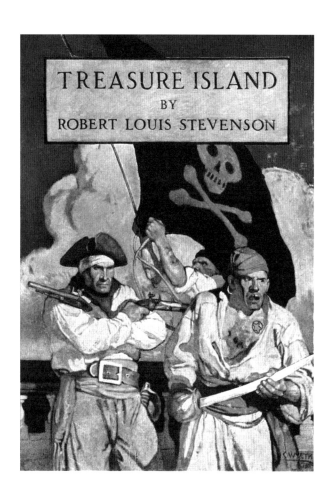

Titelbild der 1911 bei Charles Scribner's Sons in New York erschienenen und von Newell Convors Wyeth (1892–1945) illustrierten Ausgabe von *Treasure Island*.

Die Bewohner von Vailima mit bepackten Pferden. Von links nach rechts: Lloyd Osbourne, Robert Louis Stevenson, im Zentrum Joseph Strong, dann die Diener Lafaele und Auvea (auf dem Foto nicht korrekt notiert). Aufgenommen am 11. Mai 1892 von John Davis.

Ankerplätze, die mir anmutig wie Sonette erschienen, und mit dem unbewussten Elan des Auserwählten gab ich meinem Werk den Titel *Schatzinsel*.« Was folgt, ist eine Poetologie aus dem Geist der Landkarte! Denn was ist eine Landkarte anderes, als ein mit Szenerien bedruckter Papierbogen aus dem Reich von »Skelt's Juvenile Drama«? »Es soll wohl Menschen geben, denen Landkarten nichts bedeuten, und ich kann das kaum glauben. Die Namen, die Gestalt der Wälder, der Verlauf der Straßen und Flüsse, prähistorische Fußspuren von Menschen, die sich noch heute hügelauf und talabwärts verfolgen lassen [...]: Hier ist eine unerschöpfliche Fundgrube für jeden Interessierten, der Augen hat, zu sehen oder für zwei Penny Vorstellungskraft, um zu verstehen. Man muß sich nur erinnern, wie man als Kind im Gras gelegen und in einen unendlichen Wald aus Halmen geschaut hat, wie Heerscharen von Feen aufmarschierten. Ganz ähnlich begannen, wenn ich mich über die Karte der *Schatzinsel* beugte, die zukünftigen Figuren des Buchs sich dort in den Phantasiewäldern zu tummeln. Ihre braunen Gesichter und blitzenden Waffen lugten aus unerwarteten Winkeln hervor, während sie über die Insel pirschten, ihre Kämpfe austrugen und dem Schatz hinterherjagten, und das alles auf den wenigen Quadratzoll einer Kartenprojektion.«

Schon mit dem ersten Kapitel taucht *Treasure Island* in die Vorstellungswelt des bald vaterlosen Knaben Jim Hawkins ein. Der ahnungslose, von seinen Gefühlsimpulsen angetriebene Erzähler berichtet von den Alpträumen und Phantasien, die Billy Bones, der seltsame Gast im Wirtshaus »Admiral Benbow«, in ihm auslöst. Bones erzählt genau jene unglaublich fesselnden Abenteuergeschichten, die der Leser mit *Treasure Island* vor sich liegen hat, und deren Sinn Jim Hawkins – alter Ego des jungen Stevenson, Lloyds und aller zwölfjährigen Jungen – mit ihrem Unterhaltungswert rechtfertigt: »Gerade seine Geschichten jagten den Leuten die meiste Angst ein. Grauenvolle Geschichten waren es, über Aufknüpfen und Plankengehen und Stürme auf See [...]. Mein Vater sagte immer, wir würden ruiniert, denn die Leute hätten es sicher bald leid, ins Gasthaus zu kommen, um sich anpöbeln und herunterputzen zu lassen und dann verschreckt in ihre Betten geschickt zu werden. Aber ich glaube eher, dass seine Anwesenheit sich für uns auszahlte. Die Leute waren zwar im Moment entsetzt, rückblickend gefiel es ihnen doch ganz gut.« Auf Hawkins wirken Bones' blutrünstige Abenteuer und vor allem die Schilderung des einbeinigen Seemanns Long John Silver – eine Evokation des Leibhaftigen, die nicht von ungefähr ein Wirtshaus heimsucht, das den Namen des einbeinigen englischen Generals

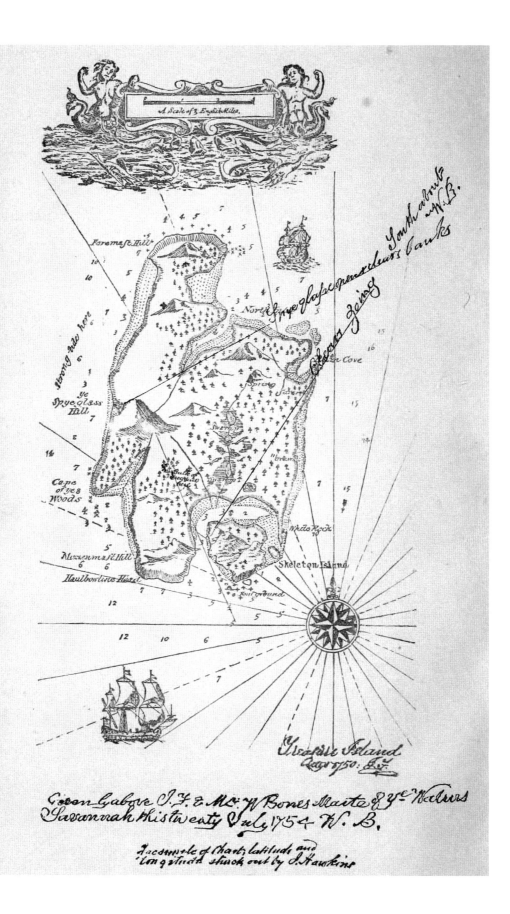

John Benbow trägt – in einer vergleichbar verstörenden Weise, wie Cummys Geschichten auf das Kind Robert Louis wirkten: »Wie die Figur meine Träume heimsuchte, brauche ich wohl kaum zu sagen. In stürmischen Nächten, wenn der Wind an allen vier Ecken des Hauses rüttelte und die Brandung die Bucht entlang und die Klippen hinaufbrüllte, erschien er mir in tausenderlei Gestalt und mit tausend teuflischen Fratzen. Mal fehlte das Bein ab dem Knie, mal ab der Hüfte; mal war er ein monströses Geschöpf, das nie mehr als ein Bein gehabt hatte, und zwar in der Mitte seines Körpers. Es gab keine grässlicheren Albträume als die, in denen er mich springend und rennend über Stock und Stein verfolgte.« *Treasure Island* ist ein vollkommener Roman im Sinne des »Spielzeugtheaters«. Die Schauplätze wirken wie Filmsets und die Figuren sind scharfgeschnittene Charaktere ohne Psychologie, plastisch und eindrücklich, die erst im Laufe der Handlung eine »Rückseite« zeigen: Der leichtsinnige und angsterfüllte Jim Hawkins agiert meist planvoll und zielgerichtet; der als »abscheuliches Hirngespinst« in seiner Vorstellung herumspukende Long John Silver entpuppt sich letztlich als biederer Bandit, der seinen durch Piraterie erworbenen Reichtum auf der Bank anlegt, um später davon ein Wirtshaus betreiben zu können. Sein »Dukaten!«-schreiender Papagei gibt die Richtung vor …

Dass *Treasure Island* bis heute nichts von seiner Faszination verloren hat, liegt im furiosen Erzähltempo, in der atmosphärischen Dichte der Handlung und in einem konsequent auf Wirkung setzenden Stil begründet, der manches beschreibenswerte Detail willig für ein Spannungsmoment hergibt, das den Leser in Atem hält. Zu Stevensons *romance*-Konzept gehört es, dem Leser erzählerisch den »wesentlichen Reiz der Situation« nahezubringen. Der den Realismus und Naturalismus kritisierende Stevenson geht weit über eine mimetische Darstellungsweise hinaus; er huldigt einem erweiterten Literaturbegriff, der von der »Begeisterung« und »Beseelung« der Welt ausgeht, Zustände, die sich auf den Leser übertragen. Ein Buch müsse, schrieb er in *A Gossip on Romance*, sowohl den Schuljungen als auch den Weisen fesseln. Mit *Treasure Island* begann Stevenson, für seine Romane und Erzählungen bestimmte Topographien zu wählen, die den Settings von Skelts Papptheaterschachteln am nächsten kamen. Die Orte, an denen die Geschichten spielen, sind von bezeichnender Helligkeit, die umso schärfere und dunklere Schatten wirft. Und so spielt auch *Treasure Island* wie manch anderer Text Stevensons sowohl im bitterkalten, schneeweißen Winter als auch unter dem stahlblauen, wolkenlosen Himmel südlicher Gefilde.

»Die Karte war der Hauptteil der Romanhandlung. [...] Es ist *eine* Sache, aus Lust und Laune eine Phantasiekarte zu zeichnen, in einer Ecke nach Belieben einen Maßstab einzutragen und eine dazu passende Geschichte zu schreiben. Etwas *anderes* ist es hingegen, ein ganzes Buch zu überprüfen, ein Verzeichnis aller darin enthaltenen topographischen Hinweise anzulegen und dann mit Hilfe von zwei Kompassen sorgfältig eine Karte zu entwerfen, die all diesen Gegebenheiten entspricht. Das habe ich getan [...]. Aber irgendwie war das für mich nie die *Schatzinsel*.« (Robert Louis Stevenson: *Die Schatzinsel*, S. 315–316.)

Die »zweite« Karte der Schatzinsel. Frontispiz der Erstausgabe von *Treasure Island*, 1883 im Londoner Verlag Cassell and Company publiziert.

Wintergeschichten

Auch Stevensons zweite Reise nach Amerika symbolisiert rückblickend eine Lebenszäsur. Vom 22. August bis zum 7. September 1887 überquerte der Schriftsteller zusammen mit Fanny, Lloyd und seiner Mutter Margaret auf der »S. S. Ludgate Hill« den Atlantik. Als er nach beschwerlicher Überfahrt New York erreichte, war er ein berühmter Mann! Die phämonenalen Erfolge von *Treasure Island* und *Strange Case of Dr Jekyll and Mr Hyde* waren ihm vorausgeeilt und hatten ihm den roten Teppich bereitet. Am 12. September gab man am hiesigen Madison Square Theatre die erste Vorstellung von Thomas Russell Sullivans Dramatisierung von *Jekyll and Hyde* mit dem populären Schauspieler Richard Mansfield in der Hauptrolle. Verleger und Agenten wollten Stevenson unbedingt als Autor und Mitarbeiter gewinnen; der als Sensationsjournalist bekannte Agent Samuel Sidney McClure bot ihm die jährliche Summe von 10 000 Dollar für eine wöchentliche Kolumne in der *New York World* an – ein Angebot, das Stevenson jedoch ausschlug, weil er fürchtete, der permanente Termindruck würde seiner Gesundheit abträglich sein. Außerdem war Stevenson nicht nach Amerika gereist, um seinen Ruhm zu genießen, sondern um in einem Sanatorium in den Adirondack Mountains sein Lungenleiden untersuchen zu lassen. Da keine akute Tuberkulose festgestellt wurde, verbrachte er bis Anfang April 1888 eine beschwerdefreie Zeit in den Bergen. Allerdings war der Winter außerordentlich hart, so dass man sich an manchen Tagen nur kurz auf der Veranda des angemieteten Blockhauses aufhalten konnte – etwa um ein Erinnerungsfoto zu inszenieren.

Der in der Bildmitte stehende Lloyd Osbourne wird gleich wieder an seine Schreibmaschine zurückkehren, die »in einer Geschwindigkeit, die einen erfahrenen Romanschriftsteller überrascht, von den frühen Kapiteln einer humorvollen *romance* kündet«, wie an Henry James am 6. Oktober berichtet wird. Es handelte sich um die ersten Seiten

Der Broadway um 1900. Im Hintergrund sieht man das Hotel Victoria, in dem Stevenson mit seiner Familie nach der Ankunft in New York am 7. September 1887 abgestiegen war.

Auf der Veranda des Baker-Cottages in
Saranac in den Adirondack Mountains.
Von links nach rechts: Valentine Roch,
ein Dienstmädchen aus dem Ort, Lloyd
Osbourne, Fanny mit dem Hund Sport und
Robert Louis Stevenson. Foto vermutlich
vom 1. Dezember 1887.

Der Schauspieler Richard Mansfield als
Dr. Jekyll und Mr. Hyde. Fanny und Stevensons Mutter besuchten am 12. September
1887 die New Yorker Erstaufführung des
Stücks im Madison Square Theatre.

von *The Wrong Box,* mit der Lloyd als Schriftsteller reüssieren sollte. An John Addington Symonds schrieb Stevenson am 21. November begeistert, dass die Geschichte »so albern, so fröhlich, so absurd und an manchen Stellen (in meinen Augen) echt humorvoll« sei. Auch Fanny will, wie ihr Sohn, den frostigen Ort schnell wieder verlassen, aber nicht um die Wärme zu suchen, sondern um nach New York zurückzukehren, wo sie mehr Abwechslung und Vergnügen zu finden hoffte. Und der mit Astrachanmütze und Büffelfellmantel bekleidete Stevenson? Er wird gewissermaßen auf dieser Veranda stehen bleiben, bis es Nacht wird, und auf Ideen für ein neues Buch warten: »Es war Winter, die Nacht war sehr finster; die Luft war außerordentlich klar und kalt und von köstlicher Waldesfrische. […] einzelne Lichter waren zu sehen, ungleichmäßig in der Dunkelheit verstreut, doch so weit entfernt, dass sie den Eindruck der Einsamkeit nicht minderten. Das waren gute Voraussetzungen für das Verfassen einer Geschichte.« Diese Zeilen markieren die Geburtsstunde eines Romans, den viele Kenner zu Stevensons bedeutendsten zählen: *The Master of Ballantrae.* Mit diesem Werk – »a most seizing tale« – zeigt der Autor sein ganzes Können; in ihm wird nicht nur das Doppelgängermotiv auf dramatische Weise neu entfaltet und ein Stück schottische Geschichte heraufbeschworen, sondern es werden calvinistische Moralvorstellungen ebenso verhandelt wie die Grundfrage nach Gut und Böse – Stevenson erweist sich als Virtuose im Umgang mit seinen »pretty counters«, den sprachlichen und motivischen Spielmarken. Er reflektiert ironisch Figurenkonstellationen, Erzählebenen und sittliche Festschreibungen, ohne in ein rein von psychologischer Auslotung der Charaktere bestimmtes Schreiben zu verfallen.

Der Roman beginnt im Winter, hat seinen Kulminationspunkt in einer klirrend kalten Nacht und endet in den verschneiten Adirondack Mountains. Die eisige Atmospäre mit der klaren frostigen Luft bot – wie auch der strahlend blaue Himmel über den Ozeanen – den idealen Hintergrund, um Stevensons Figuren ihre unverwechselbaren Konturen zu verleihen. Was in *The Master of Ballantrae* formal geschieht, ist nichts weniger als die erstaunliche Wandlung eines realistischen Romans zur Abenteuergeschichte. Die Stelle, an der sich diese Metamorphose vollzieht, ist das berühmte nächtliche Duell zwischen den beiden Brüdern James und Henry Durie. James, der Master, rechtmäßiger Erbe und vergötterter Sohn des Hauses, liebt das Wagnis. Er zieht in den Krieg, wird für tot erklärt und verliert sowohl sein Erbe als auch seine Braut an Henry, der die Personifi-

Fünf Männer am Lagerfeuer in den winterlichen Adirondack Mountains. Aufnahme
um 1890.

Manuskriptseite von *A Game of Bluff*, der
ersten Version von *The Wrong Box*.

kation puritanischer Ehrbarkeit ist, ein vernünftiger Langweiler. Doch James hat überlebt, er kommt zurück und fordert Henry zum Zweikampf heraus, bei dem er allerdings ein »zweites Mal« stirbt. An dieser Szene hat Chesterton die helle Romantik des Stevensonschen Stils festgemacht: »Die Beschreibung betont hier nicht das Dunkel der Nacht, sondern die Bitternis des Winters, das ›windlose Zerren des Frostes‹, die Kerzen, die aufrecht dastehen wie die Degenklingen, die Kerzenflammen, die fast so kalt scheinen wie die Sterne. […] Die mörderische Szene hat trotz allem etwas Klares, Aufrechtes, Sauberes, und allem zum Trotz reinigt der weiße Reif die Flammen wie in einer Art Lichtmeß. Hier aber geht es darum, daß die Tat zwar in der Nacht geschah, daß wir aber nicht empfinden: im Dunkeln.«

Mit dem Duell erscheint Henrys Charakter in neuem Licht. Er verwandelt sich in einen mordlustigen, auf Rache sinnenden Wahnsinnigen und wird in dem Maße, in dem sein beharrlich wieder auferstehender Bruder an Kraft gewinnt, immer destruktiver. James besticht hingegen weiterhin durch Eleganz, Konversationstalent und Kühnheit. Aus einem psychologischen Kammerspiel über die Seelenlagen zweier buhlender Brüder hat sich eine *romance* in Stevensons Sinne entwickelt: Es gibt echte Gegenspieler, eine Atlantiküberquerung, einen indischen Diener, Mord, Piraten und einen Schatz. Mackellar, Henrys treu ergebener Verwalter des Hauses Durrisdeer und unzuverlässiger Erzähler der Geschichte, erweist sich nicht als so charakterfest, wie es dem Leser erst scheint. Als während der Schiffspassage ein Orkan losbricht, versucht er, den Master vom Deck der schwankenden »Nonesuch« zu stoßen. Mackellar hofft jedoch vergeblich auf einen Moment der Überlegenheit. Sein schlechtes Gewissen lässt ihn vor dem Master zurückscheuen, »wie das Auge vor starkem Licht«. Was den Master James von Mackellar oder auch von Dr. Jekyll unterscheidet, ist die Fähigkeit, seine noch so verabscheuungswürdigen Rollen als Ausgeburten seines Selbst zu begreifen und anzunehmen. Nicht der handelt moralisch, der das Böse verdrängt, sondern der, der es als ein dem Menschen immanentes Prinzip begreift und trotzdem versucht, nichts Böses zu tun.

Auf den ersten Blick ist *The Wrong Box* weder eine Wintergeschichte noch passt der Roman in Stevensons poetologisches Schema. Die in London angesiedelte Geschichte um Morris Finsbury, der versucht, den vermeintlichen Tod seines Onkels Joseph vor seinem Vetter Michael zu verheimlichen, damit die auf diesen Tod abgeschlossene Vermögensanlage, die Tontine, nicht an den ohnehin vom Glück

begünstigten Michael fällt, scheint wenig Stevensonsche *romance* zu besitzen. Zu britisch exaltiert ist das Geschehen, zu quirlig und voltenreich, als dass sich der Roman in die literarische Tradition eines Alexandre Dumas oder Frederick Marryat einordnen ließe. Das mag vielleicht daran liegen, dass er überwiegend aus der Feder Lloyd Osbournes stammt – so hat er es jedenfalls selbst behauptet und so wird es von jenen geglaubt, die in Stevenson vor allem den Autor von *Treasure Island* sehen. Doch gibt es durchaus Elemente in diesem höchst vergnüglichen Roman, die an Stevensons Schreibverfahren und seine spezifische Bildsprache denken lassen: Die ganze Handlung ist von einer atemberaubenden Leichtigkeit, ohne willkürlich zu wirken. Die Effekte, der Gang der Ereignisse, die Figurenzeichnung sind wohlkalkuliert; nur ist das tragende Gerüst der Konstruktion unter dem Aberwitz und der Komik kaum zu erkennen. Insbesondere die Episode um den wandernden Leichnam, die mit überaus grotesken Verwicklungen aufwartet, trägt Stevensons Handschrift: Die Figuren besitzen kaum Tiefe und erscheinen als Karikaturen; ihr Charakter offenbart sich in ihren Handlungen und ihren bizarren kauzigen Reden. *The Wrong Box* arbeitet stark mit Versatzstücken des klassischen Detektivromans, nur dass es eben nicht um das Aufspüren eines Täters geht, sondern darum, sich einer Leiche zu entledigen. Statt Spuren zu lesen, versucht man, sie zu verwischen. Eine zentrale Rolle spielt in diesem Zusammenhang der Kriminalromanschriftsteller Gideon Forsyth. Als ihm die Leiche untergeschoben wird, gleicht er sein Verhalten mit dem des Detektivs Robert Skill ab, der Hauptperson seines einzigen und vollkommen erfolglosen Detektivromans *Who Put Back the Clock?*. Eine zweite Referenz ist das im Roman erwähnte Märchen vom »Buckligen Mann« aus *Tausendundeiner Nacht*, eine Zirkelgeschichte, die zu Stevensons Lieblingsgeschichten seiner Kindheit zählte und in der ebenfalls ein Toter beseitigt werden soll. Für Stevensons Autorschaft spricht auch der vollkommen amoralische Geist des Textes. Wie im Detektivroman ist die Leiche nur ein gedanklicher Spielstein der Akteure. Es geht eben nicht um existentielle Problemstellungen, sondern um *A Game of Bluff*, wie der Romantitel ursprünglich lauten sollte. Dem heiter wirkenden Versteckspiel fehlt jede ironische Brechung und man hat das Gefühl, die Autoren gehen mit einem fast anstößigen Enthusiasmus in einer Handlung auf, die offenbar schon vor ihnen existierte: Literatur, die sich weigert, etwas anderes als Wirklichkeit zu sein, die Realität als trivial begreift und keinen Raum mehr für Schau- und Schauerlust lässt. Was den Leser aus *The Wrong Box* anweht, ist der eisige Hauch der Desillusion. Eine Wintergeschichte fürwahr.

»Im einen Augenblick war sein [James']
Kopf im Zenit und sein Schatten fiel weit
über die *Nonesuch* hinaus; im nächsten
Augenblick tauchte er hinunter, bis er sich
fast unter meinen Füßen befand […].«
(Robert Louis Stevenson: *The Master of
Ballantrae*, S. 207.)

Illustration von William Brassey Hole.

Die Bar »Sans Souci« auf Butaritari,
fotografiert 1889 von Joseph Strong,
Isobel Osbournes Ehemann.

Sans Souci
oder Das Paradies

Das ›Sans Souci‹ [...] war klein, jedoch hübsch ausgestattet, und abends, wenn die Lampe angezündet war, funkelte das Glas, und die bunten Bilder leuchteten wie ein Theater zu Weihnachten. Die Bilder waren Plakate und das Glas grob genug, die Tischlerarbeit dilettantisch, aber auf dieser unzivilisierten Insel wirkte das alles wie ein grenzenloser Luxus und unermessliche Wohlhabenheit. Hier wurden Lieder gesungen, Geschichten erzählt, Kunststücke vorgeführt und Spiele gespielt.« Man scheint sich zu vergnügen in der Bar »Sans Souci« – zumindest die weißen Gäste. Die Sorglosigkeit endete allerdings beim Verlassen der Bar: Statt in Ruhe die Insel Butaritari, ihre Bewohner und Gebräuche kennenlernen zu können, sahen sich die Stevensons mit Lärm und Streit konfrontiert. Butaritari ist heute ein zu den Gilbert Islands (früher Kingsmills) und zum Staat Kiribati gehörendes Atoll. Die Reisegruppe, zu der neben Robert Louis Stevenson und Fanny noch Lloyd Osbourne und ein chinesischer Koch zählten, hatte die Kingsmills als Station ihrer zweiten Südseereise gewählt. Kurz nach der Ankunft am 14. Juli 1889 hob der amtierende König das Alkoholtabu auf, was dazu führte, dass in der direkt neben Stevensons Haus liegenden Bar Hochbetrieb herrschte. Möglicherweise haben die Besucher diesen Umstand anfangs sogar begrüßt, weil er ihnen den Kontakt zu den Einheimischen zu erleichtern schien. Robert Louis Stevenson sieht jedenfalls so aus, als würde er gut gelaunt versuchen, mit dem neben ihm sitzenden Mädchen ins Gespräch zu kommen. Auch Lloyd Osbourne im unvermeidlichen gestreiften Jackett amüsiert sich offensichtlich auf seine Art.

Vielleicht haben die beiden aber auch gerade ihren Versuch aufgeschoben, endlich *The Wrecker* zu schreiben, dessen Handlung sie auf der langen Passage konzipiert hatten: »Ich denke immer noch gern an die fröhliche Eintönigkeit einer Pazifikreise, wenn der Passat frisch weht und das Schiff Tag für Tag zügig Fahrt macht. Die Gebirgsland-

Der Schoner »Casco«.

Karte der Südseereisen Stevensons aus
In the South Seas.

Auf dem Bugsprit der »Equator« beim
Fischfang. Foto von Lloyd Osbourne.

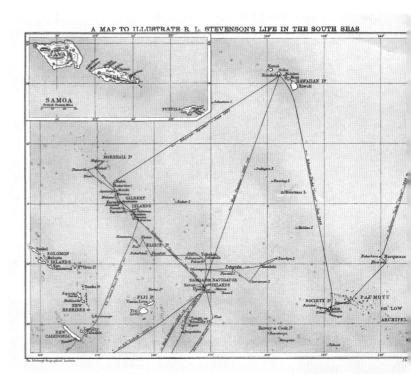

A MAP TO ILLUSTRATE R. L. STEVENSON'S LIFE IN THE SOUTH SEAS

schaft der Passatwolken [...]; die kleine, geschäftige, gemütliche Welt des Schoners mit ihren unvertrauten Szenen, dem Delphinfang vom Bugspriet aus, [...] dem Reffen vor einer heftigen Bö, wenn die Männer draußen in den Fußtauen hängen; und dann die Bö selbst, der Stich ins Herz, die geöffneten Schleusen des Himmels; und die Erleichterung, der neugeborene Zauber des Lebens, wenn alles vorbei ist [...]. Ich erinnere mich so gern daran und würde so gern dieses unvergeßliche, dieses un-erinnerliche Leben zurückholen. [...] Tag für Tag hatte die Luft die immer gleiche, unbeschreibliche Lebendigkeit und Süße, weich und zart, und kühl wie die Wange der Gesundheit. [...] Ich spürte eine geistige Veränderung, oder vielleicht war's eine molekulare Erneuerung. Ich fühlte mich einfach wohler in meiner Haut. Ich hatte das Klima gefunden, das zu mir paßte, und blickte voll Mitleid auf jene feuchten, winterlichen Zonen zurück, die man fälschlich die gemäßigten nennt.« Das Gefühl Loudon Dodds in *The Wrecker* beim Beginn der Reise des Schoners »Norah Creina« zum geheimnisumwobenen Wrack der »Flying Scud« gleicht jener Empfindung, die Robert Louis Stevenson verspürte, als er am 28. Juni 1888 die gecharterte »Casco« bestieg, um »nach Honolulu, Tahiti, den Galápagos, Guayaquavil (und wie ich hoffe, *nicht* auf den Grund des Pazifik) auszulaufen«, wie es in einem Brief an Henry James heißt.

Ein Blick auf jene Karte, in der Stevensons Südseereisen eingezeichnet sind, nimmt unweigerlich die Vorstellungskraft in Beschlag. Stevenson selbst hätte vermutlich gesagt, es sei schwer zu glauben, dass es Menschen geben soll, die mit Seekarten nichts anfangen können. All die Namen von Südseeinseln, der Archipele und Vulkane, die Nachzeichnung der Routen Stevensons – jedes Kapitän spielende Kind, jeder Kind gebliebene Kapitän würde Lust verspüren, seinen Spuren zu folgen, um zu hören und zu sehen, was er gehört und gesehen hat. Würde man im Meer schwimmen, könnte man die drei Schiffe »Casco«, »Equator« und »Janet Nichol« vorbeisegeln sehen, könnte die verwegen wirkenden Kapitäne Otis, Reid und Henry an Deck erkennen, daneben Robert Louis Stevenson und Lloyd Osbourne, wie sie barfüßig und in heller Garderobe die Sonne und den erquickenden Wind genießen und neue Romanprojekte aushecken oder den Geschichten der Matrosen lauschen. Man würde Stevensons Mutter in ihrer Witwentracht entdecken, die sich einen schattigen Platz gesucht hat und unbeeindruckt alle Stürme und Flauten erduldet, und auch Fanny Stevenson in ihrem Eingeborenengewand, die aber den Seegang kaum verträgt und schnell in ihre Kabine flüchtet. Man könnte die Schiffe beim Anlegen in den Häfen beobachten und die

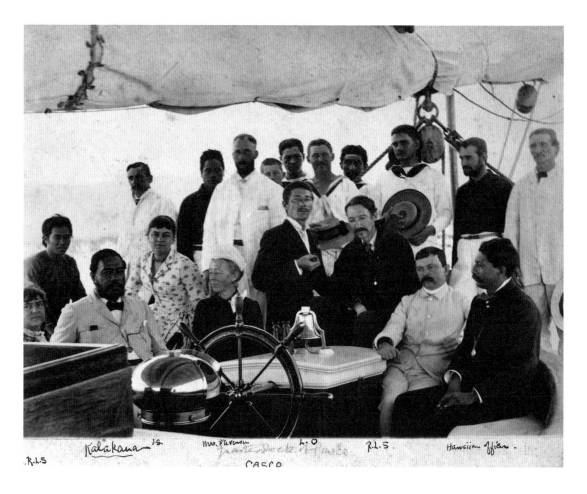

Kalakaua · I.S. · · Mrs. Stevenson · L. O · · R.L.S. · · Hawiian Officer
R.L.S · · Fanni & Lloyd Osbourne
CASCO

Überraschung der Besatzung beim Landgang spüren, wenn sie, statt auf die erwarteten Kannibalen zu treffen, von gebildeten Häuptlingen oder exzentrischen Königen zum Festmahl geladen wird. Den Seeleuten wäre ihre Verwunderung über die spannenden Berichte der Koprahändler und Missionare ebenso anzumerken wie ihr Entzücken über die Inselschönheiten. »Die erste Erfahrung«, heißt es im Fragment gebliebenen Reisebericht *In the South Seas*, »läßt sich niemals mehr wiederholen. Die erste Liebe, der erste Sonnenaufgang, die erste Südseeinsel sind Erinnerungen eigener Art und rühren an eine Jungfräulichkeit der Empfindungen.«

Es ist der Abend des 26. Januar. Die »Casco« war wenige Tage zuvor in den Hafen von Honolulu eingelaufen und Stevenson hatte beschlossen, für längere Zeit zu bleiben. Nun ist die Familie im Bootshaus des letzten Königs von Hawaii, des überaus trinkfesten David Kalakaua zu Besuch, ein Anhänger Stevensons, dessen Bücher er auf Empfehlung von Fannys Tochter Isobel (Belle) Strong gelesen hatte. Belle lebte seit 1882 mit ihrem achtjährigen Sohn Austin und ihrem Ehemann Joseph, der hier Verwandtschaft besaß, auf Honolulu; die Strongs gehörten zur Entourage des Königs und Joe war sein offizieller Hofmaler. Das Festessen war äußerst üppig, der Anlass aufregend und Lloyd hielt alles mit der Kamera fest. Die Gäste sind auf der Fotografie mit Blumengirlanden geschmückt, die hawaiianische Flagge ist aufgespannt und sicher ist es noch ein lustiger Abend geworden – wie immer, wenn man mit Kalakaua feierte. Während die Insulaner den Blick in die Kamera eher meiden, blicken die schottischen Gäste ostentativ ins Objektiv. Es galt, der Welt zu beweisen, dass sie all das tatsächlich erlebt hatten! An Charles Baxter berichtete Stevenson Anfang März 1889: »Kalakaua ist ein schrecklicher Gesellschafter; eine Flasche Schampus ist für ihn wie ein Glas Sherry; für ihn sind fünf oder sechs davon am Nachmittag nichts weiter als die Vorbereitung für das Dinner. […] Du solltest das Foto sehen, das nach einer nachmittäglichen Party mit H. H. M. [His Hawaiian Majesty] aufgenommen wurde: mein Gott! was für eine Bande! Die stolze Betrunkenheit Lloyds, die rührselige Schwanenhalsigkeit R. L. S.s, meine Mutter – lass uns einen Schleier darüber legen […].« Auch ein Gruppenbild, das im Februar auf der »Casco« gemacht wurde, zeugt von der gegenseitigen Wohlgesonnenheit und lässt die Zufriedenheit erahnen, die die Familie Stevenson während ihres Aufenthalts empfand. Kalakaua ist umringt von den Damen Fanny, Belle und Margaret, letztere lächelt verstohlen, auch Robert Louis Stevenson wirkt heiter und Lloyd Osbourne trägt ausnahmsweise, dem Anlass

Auf dem Achterdeck der »Casco« im Hafen von Honolulu. Aufnahme vom 1. Februar 1889. In der vorderen Reihe von links nach rechts: Fanny Stevenson, König Kalakaua, Belle Strong, Margaret Stevenson, Lloyd Osbourne, Robert Louis Stevenson.

Die Stevensons auf dem vom hawaiianischen König Kalakaua ausgerichteten Fest in Honolulu. Auf der Stirnseite sitzen von links nach rechts: Robert Louis Stevenson, Prinzessin Liliukalani (die Schwester des Königs), Kalakaua und Margaret Stevenson; auf der linken Seite der Tafel in dunklem Anzug Lloyd Osbourne, ihm gegenüber Belle Strong.

Der König Tembinok von Apemama mit
seinem adoptierten Sohn. Foto von 1889.

Robert Louis Stevenson und Fanny mit den
Einheimischen Nei Takauti und Nan Tok
(links), mit denen sich das Paar auf Butaritari angefreundet hatte. Foto von 1889.

entsprechend, einen Anzug, so dass der arrogant-verspielt gekleidete Fotograf der Expedition eher wie ein auf Kreuzfahrt befindlicher Millionär aussieht.

Doch zurück nach Butaritari: Am 17. August 1889 verließ die »Equator« das Atoll und nahm Kurs auf die in nächster Nachbarschaft gelegene Insel Apemama. Dort herrschte der äußerst beleibte König Tembinok, der den dünnen Robert Louis Stevenson tief beeindruckt hat. Der gesamte fünfte Teil seines ambitionierten Südseereisebuches handelt von den Eigenheiten und Extravaganzen des Königs: »Wir konnten ihn nie ansehen, ohne von seiner natürlichen Schauspielerbegabung beeindruckt zu sein. Mit einer Hakennase, gleich der Maske Dantes, einer Mähne schwarzen langen Haares, einem leuchtenden, gebieterischen und forschenden Auge war dieses Gesicht für gewisse Rollen und für jemanden, der sich seiner bedienen konnte, ein Vermögen wert. […] Hier, wo es keine Moden gibt, […] kleidete er sich – wie Sir Charles Grandison lebte – ›nach seinem Herzen‹. Jetzt trägt er ein Frauenkleid, danach eine Marineuniform, dann wieder, und zwar viel häufiger, ein Maskenkostüm eigener Erfindung. […] In dem Frauenkleid schaut er unglaublich schicksalsdräuend und unheimlich aus. Noch jetzt sehe ich ihn in der grausamen Sonne auf mich zuschreiten, einsam, eine Gestalt aus Hofmanns [sic!] Erzählungen.« Es sind Charakterstudien wie diese, die Stevensons feines Gespür für die romanesken Facetten der Wirklichkeit zeigen. Selbst seine Reiseberichte suchte der Autor mit *romance*-Elementen zu würzen. Ihn interessierte – ob nun, um seine Leser zu unterhalten oder weil er tatsächlich das Leben als spannende Abenteuergeschichte verstand – das Überhöhte, das aus den alltäglichen Situationen Herausstechende. Es versteht sich, dass dem europäischen Blick das Leben der Südseeinsulaner ohnehin fremd und pittoresk vorgekommen ist. Aber ein König wie Tembinok musste Stevenson in besonderem Maße faszinieren: Er lebte die Pose und schien einem exotischen »Toy Theatre« entstiegen zu sein.

Das Wrack der deutschen Korvette »Olga« vor Apia. Sie wurde während des Hurrikans am 16. März 1889 zerstört. Foto von John Davis.

Kein El Dorado.
Nirgends

Die Szene wechselt, der letzte Akt wird gegeben. Beim Auftauchen Samoas am Horizont hat Stevenson vermutlich Ähnliches gedacht wie Herrick, eine der verlorenen Existenzen in *The Ebb-Tide*, als er die gesuchte Insel sah: »Herrick schien es, als habe er selbst in seinen Träumen noch nie etwas derart Fremdartiges und Zartes zu Gesicht bekommen. Der Strand war schneeweiß, der fortlaufende Saum der Bäume unvergleichlich grün; das Land ragte vielleicht drei Meter über dem Meeresspiegel auf, die Bäume zehn Meter höher.« Doch Samoa war kein Idyll; statt anmutiger Exotik fand Stevenson eine Inselgruppe vor, die zum Spielball der Kolonialmächte geworden war; statt makelloser Palmenstrände erblickte er die Wracks deutscher Kriegsschiffe im Hafen von Apia. Im Dezember 1889 schrieb er an Charles Baxter: »Ich schreibe dies auf Moors hinterem Balkon; Palmen und ein Hügel, der wie der Hügel von Kinnoull aussieht, schauen auf mich, der ich in ›der Unschuld reinem Kleide‹ (wie es an einer Stelle in einem Händel-Lied heißt) auf dem Boden liege; die Tinte ist miserabel, die Hitze köstlich, in den Palmen geht ein angenehmer Wind, und auf der anderen Seite des Hauses das plötzliche wütende Platschen und Brüllen des Pazifiks auf dem Riff, wo sich seit dem letztjährigen Hurrikan noch immer die Kriegsschiffe türmen, einige unter Wasser, eins hoch und trocken auf der Seite liegend, der merkwürdigste Anblick eines Schiffes, der je bezeugt wurde.«

Stevensons Entscheidung, in Samoa sesshaft zu werden, hatte weniger mit verklärter Südseeromantik zu tun als mit pragmatischen Erwägungen. Es gab regelmäßige Schiffsverbindungen nach Sidney, einen monatlichen Postverkehr nach San Francisco und in Apia eine repräsentative High Society. Vor allem aber vertrug er das Klima gut. Die ersten Jahre auf der Insel vergingen mit der Suche nach einem geeigneten Anwesen, das schließlich gefunden wurde. Der Ort hieß wegen der fünf durch das Grundstück fließenden Flüsse Vailima. Für

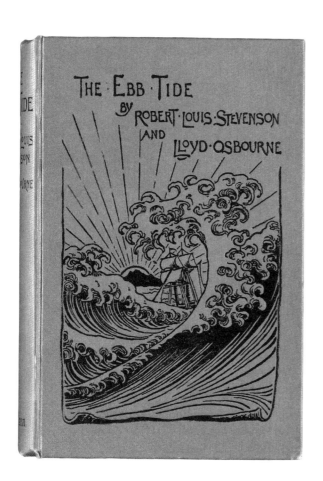

den Bau eines großen, zweistöckigen Hauses im Kolonialstil mussten das Domizil in Bournemouth verkauft und neue Buchverträge abgeschlossen werden. Sowohl Stevensons Mutter als auch Belle Strong und ihr Mann Joe zogen ein, Lloyd verzichtete auf ein Studium in Oxford, um auf Vailima zu leben und später gesellte sich auch der Cousin Graham Balfour zur illustren Runde hinzu. Letzterem ist es zu verdanken, dass der gemeinsam von Stevenson und Lloyd Osbourne begonnene Roman *The Ebb-Tide* vollendet wurde. Balfour erkannte das Potential dieses verstörenden Textes, in dem drei gescheiterte Menschen, die jeglichen moralischen Halt verloren hatten, auf einer Insel stranden, wo sie den gottlosen Missionar und Perlenhändler Attwater treffen, der einen auf Wahn und Ekstase gegründeten Staat errichtet hatte. Die Begegnung wird zum verkehrten Damaskuserlebnis der Protagonisten; die Überlebenden entscheiden sich für ein Dasein jenseits von Glaubensgrundsätzen und Erlösungsversprechen. In diesem Buch Stevensons findet sich laut Jorge Louis Borges »die Idee, dass ein moralisches Gesetz existiert, auch wenn wir nicht an Gott glauben«. Es ist Stevensons pessimistischster Roman, ein ebenbürtiger Vorläufer von Joseph Conrads *Heart of Darkness* und Zeugnis eines literarischen Reifungsprozesses. Je prosaischer Stevensons Leben verlief, desto formvollendeter wurden seine Werke. Graham Greene, der die frühen Schriften Stevensons für affektiert hielt und dessen persönliche Briefe für »Gewäsch«, erkannte in den späten Büchern eine »leuchtende Heiterkeit«: »In der Tat begann erst in seinen letzten Lebensjahren [...] sein schönes, ins Dandyhafte abgeglittene Talent seine verhüllten Reize zu entfalten; der Granit kam zum Vorschein.«

Die letzten Jahre auf Vailima verliefen routiniert: Stevenson arbeitete äußerst diszipliniert an seinen schottischsten Romanen, erst an *Catriona,* von dem er sagte, dass er nie wieder ein besseres Buch schreiben werde, später im Wechsel und unter starken Selbstzweifeln an *St. Ives* und *Weir of Hermiston.* Er gerierte sich als gönnerhafter Patriarch, liebte es, selbst verfasste Tischgebete zu sprechen oder aus der samoanischen Bibel vorzulesen und wählte manche seiner Bediensteten nach deren Aussehen aus; er jagte, besuchte Feste, Picknicks und Tennisturniere. Und er engagierte sich in der samoanischen Politik: 1892 veröffentlichte er *A Footnote to History,* einen sozialkritischen Essay, in dem er die deutsche Kolonialpolitik angriff und insbesondere dem deutschen Handelshaus Godeffroy & Sohn vorwarf, mangelndes Verständnis für die Traditionen der Einheimischen zu zeigen. Ein Jahr später brandete der bereits seit den achtziger Jahren schwelende Bürgerkrieg wieder auf und Stevenson stellte sich

Cover der ersten englischen Ausgabe von *The Ebb-Tide*, die 1894 bei William Heinemann in London erschien.

Robert Louis Stevenson im Halbprofil. Die Aufnahme entstand wahrscheinlich bei Stevensons drittem Aufenthalt in Sidney Anfang 1893.

Eine der berühmten Veranda-Fotografien, die John Davis am 11. Mai 1892 in Vailima schoss. Zu sehen sind in der hinteren Reihe von links nach rechts: Joe Strong, bekleidet mit dem samoanischen Männerrock *lava-lava* und den Papagei Cocky auf der Schulter, Stevensons Mutter (sitzend im Profil), Lloyd Osbourne, Robert Louis Stevenson, Fanny; vor Fanny sitzt deren Tochter Isobel mit ihrem Sohn Austin im Arm.

Soda water

Porter

Beer

Claret

Whiskey

White wine

Going up to Dinner

A Temperance House.

demonstrativ an die Seite seines Freundes, des von den Briten unterstützten Häuptlings Mata'afa Iosefo, der dem amtierenden König Laupepa, einer Marionette der auf Samoa agierenden Kolonialmächte, den Thron streitig machen wollte. Mata'afas Aufstand war von Anfang an erfolglos; Stevensons Unterstützung des Rebellen brachte ihm zwar Bewunderung seitens der Bevölkerung ein, diskreditierte ihn aber bei manchem Weißen. Die Einheimischen dankten ihm für seine Hilfe, indem sie auf seinem Anwesen Wald rodeten und einen Weg anlegten, der Vailima mit der Zufahrtsstraße zu Apia verband. Die »Straße des liebenden Herzens« wurde am 7. Oktober 1894 mit einem Fest eingeweiht. Fünf Wochen später starb der Autor an einem Hirnschlag, »eine eigenwillige Erschütterung der unvernünftigen Natur …« – so lauten die letzen Worte in *Weir of Hermiston*.

Bereits 1878 hatte Robert Louis Stevenson in dem kleinen Essay *El Dorado* geschrieben: »Es gibt nur einen Wunsch auf Erden, der in Erfüllung geht, nur eines, das mit Sicherheit erreicht werden kann: der Tod. […] Wir geben ein sonderbares Bild auf dem Weg zu unseren Chimären ab, ohne Unterlaß marschierend, uns kaum Zeit für eine Pause gönnend, unermüdliche, verwegene Pioniere. Es ist wahr, dass wir unser Ziel nie erreichen werden, und es ist sogar mehr als wahrscheinlich, dass es einen solchen Ort gar nicht gibt. Und würden wir auch Jahrhunderte leben und mit der Macht eines Gottes versehen sein, am Ende würden wir dem, was wir suchten, nicht näher sein. […] Bald, bald, so scheint es euch, müsst ihr auf einer hervorragenden Bergspitze ankommen, nur um ein kleines bisschen weiter gegen die untergehende Sonne die Turmspitzen von El Dorado zu entdecken.«

»Do I look strange?« soll Stevenson ausgerufen haben, als der Tod ihn ereilte. Manchen Biographen erinnert dieser Satz an die seltsame Geschichte von Dr. Jekyll und Mr. Hyde, an die plötzliche Erkenntnis der Andersartigkeit des eigenen Wesens. Dass es Stevenson im Augenblick seines Todes vergönnt war, einen Blick hinter seine ausgestellte Vitalität zu werfen, ist reine Spekulation. Es sind vor allem seine vor Handlung strotzenden Werke, in denen die Licht- und Schattenseiten des Menschen ausgelotet werden. Die schriftlichen Zeugnisse seines Lebens, seine Posen und Heldenbilder lassen ahnen, wie sehr Robert Louis Stevenson, der Bewohner des Papiertheaters und Experte für Emanationen des Bösen, bemüht war, von seiner schillernden und vielschichtigen Persönlichkeit abzulenken. Sie erscheinen als Teil einer wohldurchdachten Strategie, deren Ziel es war, sein eigenes Leben als eine große Abenteuergeschichte zu inszenieren.

»Going up to dinner, a temperance house«. Karikatur von Isobel Strong, auf der die Mitglieder von Stevensons Haushalt dargestellt sind. Von links nach rechts: Austin Strong (Isobels Sohn) mit Sodawasser, Joseph Strong mit Porter, Lloyd Osbourne mit Bier, Stevensons Frau Fanny mit Claret, Stevensons Mutter mit Whiskey und Robert Louis Stevenson mit Weißwein. Um 1889.

Robert Louis Stevenson, März 1893. Aufgenommen von Henry Walter Barnett in den Sidneyer Falk Studios.

Zeittafel zu Robert Louis Stevensons Leben und Werk

1850   Robert Lewis Balfour Stevenson kommt am 13. November als
Sohn des Leuchtturmbauers Thomas Stevenson und dessen Frau
Margaret Isabella in Edinburgh zur Welt.

1852   Alison Cunningham (Cummy) wird Robert Louis Stevensons
Kindermädchen.

1856   Zu seinem sechsten Geburtstag bekommt Stevenson von seinem
Onkel David ein »Toy Theatre« geschenkt. Ende des Jahres diktiert
er seiner Mutter das Stück *The History of Moses*.

1857   Umzug der Familie von 8 Howard Place in die Heriot Row. Ab
Herbst geht Stevenson auf die Mr. Henderson's Preparatory School,
die er, wie alle weiteren Schulen, krankheitsbedingt nur sporadisch
besuchen kann.

1863   Von Januar bis Mai reist Stevenson mit seinen Eltern und Cummy
durch Europa.

1867   Studium des Ingenieurwesens an der Universität von Edinburgh.

1868   Von Juli bis Oktober hält sich Stevenson als Praktikant gemeinsam
mit seinem Vater in Anstruther und Wick auf, um die Hafen- und
Leuchtfeuerbaustellen zu inspizieren.

1869   Stevenson wird im Februar in die Speculative Society gewählt. Im
Juni reist er mit seinem Vater nach Orkney und Shetland (1888
beschrieben in *The Education of an Engineer*).

1871   Stevenson beginnt das Studium der Rechte an der Edinburgher
Universität.

1873   Am 31. Januar eröffnet Stevenson seinem Vater, dass er nicht an den christlichen Gott glauben kann; es kommt zum Zerwürfnis. Im November reist er nach Mentone, wo er auf ärztliche Weisung bis Ende März 1874 bleibt.

1875   Zusammen mit seinem Cousin Bob Stevenson verbringt er das Frühjahr in Paris und Barbizon. Im Juli schließt Stevenson sein Jurastudium ab und wird in die Schottische Anwaltsvereinigung berufen. Mit seinem Freund Walter Grindlay Simpson durchwandert er das Tal des Loing (1888 beschrieben in *An Epilogue to An Inland Voyage*).

1876   Sommerliche Kanureise mit Walter Grindlay Simpson durch Belgien und Frankreich (1878 beschrieben in *An Inland Voyage*). Anschließend Reise nach Grez-sur-Loing, wo er Fanny Osbourne begegnet. Stevenson schreibt *Some Portraits by Raeburn* (1881) und *On Falling in Love* (1877).

1877   Weilt im Januar mit Fanny in Paris. *A Lodging for the Night*, Stevensons erste publizierte Kurzgeschichte, erscheint in *Temple Bar*.

1878   Fanny kehrt zu ihrem Ehemann nach Kalifornien zurück. Stevenson wandert durch die Cevennen (1879 beschrieben in *Travels with a Donkey*). Veröffentlichung von *Edinburgh. Picturesque Notes*.

1879   Im August überquert Stevenson auf der »Devonia« den Atlantik; unterwegs verfasst er *The Story of a Lie*. Am 30. August Ankunft in Monterey, wo er bis zur Scheidung Fannys von Samuel Osbourne im Dezember bleibt (Reisebeschreibung in *The Amateur Emigrant*, 1895).

1880   Stevenson erleidet einen Blutsturz. Seine Eltern sichern ihm eine jährliche Zuwendung von 250 Pfund zu. Hochzeit mit Fanny Osbourne am 19. Mai in San Francisco; danach Flitterwochen im Napa Valley (1884 beschrieben in *The Silverado Squatters*). Im August Rückkehr nach England. Den Winter verbringt die Familie in Davos.

1881   Der Essayband *Virginibus Puerisque* erscheint. Im Sommer Aufenthalte in Pitlochry und in Braemar, wo Stevenson beginnt, *Treasure Island* zu schreiben. Der Roman erscheint ab Oktober unter dem Namen Captain George North im Magazin *Young Folks* als Fortsetzungsroman. Die Erzählung *Thrawn Janet* wird im *Cornhill Magazine* veröffentlicht. Stevenson verbringt die Wintermonate wieder in Davos.

1882 Das *Longman's Magazine* bringt *A Gossip on Romance*. Die Essaysammlung *Familiar Studies of Men and Books* und die *New Arabian Nights* erscheinen. Das zusammen mit William Ernest Henley verfasste Theaterstück *Deacon Brodie* wird in Bradford uraufgeführt.

1883 Im März zieht Robert Louis Stevenson nach Hyères. In *Young Folks* erscheint in Fortsetzungen der Roman *The Black Arrow*. *Treasure Island* kommt als Buch auf den Markt.

1884 Die *Silverado Squatters* und *A Humble Remonstrance* werden gedruckt. Umzug nach Bournemouth, wo Stevenson bis August 1887 leben wird. In den sogenannten Bournemouth-Jahren leidet seine Gesundheit massiv.

1885 Im Herbst schreibt Stevenson die Novelle *Strange Case of Dr Jekyll and Mr Hyde*, die am 9. Januar 1886 veröffentlicht wird. Es erscheinen unter anderem: *A Child's Garden of Verses*, *More New Arabian Nights. The Dynamiter* (mit Fanny) und *Prince Otto*.

1886 Der Roman *Kidnapped* erscheint zunächst als Fortsetzungsroman, dann in Buchform.

1887 Am 8. Mai stirbt Stevensons Vater. Stevenson verlässt Edinburgh für immer. Im August Überfahrt nach New York. *The Merry Men and Other Tales and Fables* und die Hommage an den Vater *Thomas Stevenson, Civil Engineer* werden veröffentlicht. Ende September Kurreise nach Saranac Lake in den Adirondack Mountains (bis April 1888). Es erscheinen die *Memories and Portraits* und *The Misadventures of John Nicholson*.

1888 Bruch mit William Ernest Henley, der Fanny des Plagiats bezichtigt. Der Verleger Samuel Sidney McClure schließt mit Stevenson einen Vertrag über die Abfassung eines Südseereisebuchs. Ende Juni sticht Stevenson mit dem gecharterten Schoner »Casco« in See, um die Pazifischen Inseln, den Marquesas und Tahiti anzusteuern.

1889   Am 24. Januar 1889 Ankunft in Honolulu. Fünf Monate später
        Weiterreise mit der »Equator« nach Apia auf Samoa (Ankunft am
        7. Dezember). Im Sommer wird der mit Lloyd Osbourne verfasste
        Roman *The Wrong Box*, im Herbst *The Master of Ballantrae* publi-
        ziert.

1890   Am 10. Januar kauft Stevenson Vailima Estate in Apia. Mehrwö-
        chige Aufenthalte in Sidney. Von April bis Juli Südseereise auf
        der »Janet Nichol«. Im September Einzug der Familie in Vailima.
        Veröffentlicht wird *Father Damien. An Open Letter to Reverend
        Doctor Hyde*.

1891   Stevensons Mutter zieht nach Vailima. *In the South Seas, The Bot-
        tle Imp* und *The Wrecker* (mit Lloyd) erscheinen als Fortsetzungen
        in verschiedenen Zeitschriften.

1892   Engagement in der samoanischen Politik; Stevenson veröffentlicht
        den politischen Lagebericht *A Footnote to History*. Es erscheinen:
        der zweite Teil des Kalifornien-Reiseberichts *Across the Plains, The
        Wrecker* als Buch sowie die Erzählung *The Beach of Falesá*.

1893   Im Juli herrscht Krieg zwischen den Häuptlingen Laupepa und
        Mata'afa, den Stevenson unterstützt. Stevenson reist im Herbst für
        einen Monat nach Hawaii; er arbeitet weiter am Roman *The Ebb-
        Tide*, der 1894 erscheint. Der Roman *Catriona* wird veröffentlicht.

1894   Stevenson diktiert seiner Stieftochter Belle die Fragment bleiben-
        den Romane *St. Ives* und *Weir of Hermiston* (1896). In der Zeit-
        schrift *The Idler* erscheint *My First Book. Treasure Island*.
        Am 3. Dezember stirbt Robert Louis Stevenson infolge einer Hirn-
        blutung und wird einen Tag später auf dem Gipfel des Mount Vaea
        auf Upolu beigesetzt.

Auswahlbibliographie

Die Zitate im Text folgen nach Möglichkeit den hier aufgeführten deutschsprachigen Ausgaben. Stevenson-Zitate, die noch nicht in deutscher Sprache vorliegen, sind Übersetzungen des Autors.

Englische Stevenson-Ausgaben
The Works of Robert Louis Stevenson. Vailima Edition. Herausgegeben von Will D. Howe und Lloyd Osbourne. Heinemann und Charles Scribner's Sons, London und New York 1921–1923.

Works by Robert Louis Stevenson. Swanston Edition. Herausgegeben von Andrew Lang. Chatto & Windus, London 1911–1912 (im Internet unter www.gutenberg.org verfügbar).

The Letters of Robert Louis Stevenson. 8 Bände. Herausgegeben von Bradford A. Booth und Ernest Mehew. Yale University Press, New Haven und London 1994–1995.

Deutsche Stevenson-Ausgaben
Romane. Aus dem Englischen übertragen und mit einem Nachwort versehen von Richard Mummendey. Winkler-Verlag, München 1962.

Der Selbstmörderklub und andere Erzählungen. Aus dem Englischen übertragen und mit einem Nachwort versehen von Richard Mummendey. Winkler-Verlag, München 1974.

Die Schatzinsel. Herausgegeben und übersetzt von Andreas Nohl. Carl Hanser Verlag, München 2013.

Emigrant aus Leidenschaft. Übersetzt von Axel Monte. Mit einem Nachwort von Joachim Kalka. Manesse Verlag, Zürich 2005.

Das Licht der Flüsse. Eine Sommererzählung. Herausgegeben und übersetzt von Alexander Pechmann. Aufbau Verlag, Berlin 2011.

In der Südsee. Übersetzt und mit einem Nachwort versehen von Richard Mummendey. Unionsverlag, Zürich 2000.

St. Ives. Herausgegeben und übersetzt von Andreas Nohl. Carl Hanser Verlag, München 2011.

Der Master von Ballantrae. Eine Wintergeschichte. Herausgegeben, übersetzt und mit einem Nachwort versehen von Melanie Walz. Mareverlag, Hamburg 2010.

Reise mit einem Esel durch die Cevennen. Übersetzt und mit Anmerkungen versehen von Hans-Joachim Polleichtner. Hohesufer. com, Hannover 2009.

mit Lloyd Osbourne
Die falsche Kiste. Übersetzt von Annemarie und Roland U. Pestalozzi. Mit einem Nachwort von Norbert Miller. Insel Verlag, Frankfurt am Main und Leipzig 1994.

Der Ausschlachter. Ein Criminalroman. Übersetzt und mit einem Nachwort von Hanna Neves. Deutscher Taschenbuch Verlag, München 1994.

Die Ebbe. Übersetzt und mit einem Nachwort von Klaus Modick. Manesse Verlag, Zürich 2012.

mit Fanny Stevenson
Der Dynamitverschwörer. Weitere Neue Arabische Nächte. Übersetzt von Rainer G. Schmidt. Achilla Presse Verlagsbuchhandlung, Butjadingen o. J.

Stevensoniana
John A. Hammerton: *Stevensoniana. An Anecdotal Life and Appreciation of Robert Louis Stevenson.* John Grant, Edinburgh 1910.

Fanny Stevenson: *The Cruise oft the »Janet Nichol« among the South Sea Islands. A Diary by Mrs. Robert Louis Stevenson.* Chatto & Windus, London 1915.

Margaret Isabella Balfour Stevenson: *From Saranac to the Marquesas and Beyond.* Herausgegeben von Marie Clothilde Balfour. Methuen & Co., London 1903.

Biographien
Graham Balfour: *The Life of Robert Louis Stevenson.* 2 Bände. Methuen & Co., London 1901.

Jenni Calder: *RLS: A Life Study.* Hamish Hamilton, London 1980.

Gilbert Keith Chesterton: *Robert Louis Stevenson*. In: *Collected Works*. Ingnatius Press, San Francisco 1991, Band 18, S. 39–147.

Clare Harman: *Robert Louis Stevenson. A Biography*. HarperCollinsPublishers, London 2005.

Michael Reinbold: *Robert Louis Stevenson*. Rowohlt Taschenbuch Verlag, Reinbek bei Hamburg 1995.

Sekundärliteratur zu einzelnen Aspekten
William B. Jones Jr. (Hg.): *Robert Louis Stevenson Reconsidered. New Critical Perspectives*. McFarland & Company, Jefferson, North Carolina 2003.

Reginald C. Terry (Hg.): *Robert Louis Stevenson. Interviews and Recollections*. Macmillan Press, Basingstoke u. a. 1996.

Bildnachweis

6, 8 (o. l.), 8 (u. l.), 14 (o.), 16, 18, 20 (o.), 22 (u.), 32 (l.), 36, 38 (o.), 44, 46 (l.), 48 (u. r.), 52 (u. l.), 56 (l. o.), 60 (o. l.), 70 (u.), 76 (l.), 76 (r. o.), 80 (u.), 84 (o. l.), 84 (o. r.) Beinecke Rare Book and Manuscript Library, Yale University; 8 (u. r.) ullstein bild / Heritage Images / Ann Ronan Pictures; 8 (o. r.), 82 National Library of New Zealand; 10, 12, 20 (u.), 28, 58, 62 (u.), 74, 76 (r. u.), 78, 80 (o.), 86 (o.) City of Edinburgh Council – Capital Collections; 14 (u.), 26 (u.), 34, 68 (o.), 84 (u.) Writers' Museum, City of Edinburgh Council; 20 (l.), 22 (o.), 30 (o.), 50, 52 (o.), 56 (r.), 56 (l. u.), 60 (u.), 66, 68 (u.), 70 (o.) Library of Congress Prints and Photographs Division; 24 aus: Robert Louis Stevenson: *Treasure Island*. Charles Scribner's Sons, New York 1911, nach S. 4; 32 (o.) The Trustees of the British Museum; 40 (o. l.) aus: Eve Blantyre Simpson: *The Robert Louis Stevenson Originals*. London und Edinburgh 1912, nach S. 80; 40 (o. r.) aus: Robert Louis Stevenson: *An Inland Voyage*. C. Kegan Paul & Co., London 1878, Frontispiz; 42, 86 (u.) State Library of New South Wales; 46 (o.) aus: Will Hicok Low: *A chronicle of friendships*. London 1908, nach S. 208; 46 (u.) aus: Graham Balfour: *The Life of Robert Louis Stevenson*. Methuen & Co., London 1901, Frontispiz; 48 (u. l.) aus: Robert Louis Stevenson: *Travels with a Donkey in the Cévennes*. Roberts Brothers, Boston 1879, Frontispiz; 52 (u. r.) aus: Robert Louis Stevenson: *Kidnapped*. Charles Scribner's Sons, New York 1913, S. 122; 54 aus: *Catalogue of: A Century of Progress: Exhibition of Paintings and Sculpture*. The Art Institute of Chicago 1933, Plate LXXXIV, Nr. 479; 60 (o. r.) aus: Robert Louis Stevenson: *Moral Emblems and Other Poems*. Chatto & Windus, London 1921, S. 69; 62 (o.) aus: Robert Louis Stevenson: *Treasure Island*. Charles Scribner's Sons, New York 1911, Cover; 64 aus: Robert Louis Stevenson: *Treasure Island*. Cassell & Company, London u. a. 1883, Frontispiz; 72 aus: Robert Louis Stevenson: *The Master of Ballantrae. A Winter's Tale*. Charles Scribner's Sons, New York 1889, S. 244

Impressum

Gestaltungskonzept: *Groothuis, Lohfert, Consorten,*
Hamburg | glcons.de

Layout und Satz: *Angelika Bardou,* Deutscher Kunstverlag

Reproduktionen: *Birgit Gric,* Deutscher Kunstverlag

Lektorat: *Jasmin Fröhlich,* Deutscher Kunstverlag

Gesetzt aus der *Minion Pro*

Gedruckt auf *Lessebo Design*

Druck und Bindung: *Grafisches Centrum Cuno, Calbe*

Umschlagabbildung: Robert Louis Stevenson, März 1893.
Aufgenommen von Henry Walter Barnett in den Sidneyer
Falk Studios. © State Library of New South Wales

Bibliografische Information der Deutschen Nationalbibliothek
Die Deutsche Nationalbibliothek verzeichnet diese Publikation
in der Deutschen Nationalbibliografie; detaillierte bibliografische
Daten sind im Internet über http://dnb.dnb.de abrufbar.

© 2014 Deutscher Kunstverlag GmbH Berlin München

Deutscher Kunstverlag Berlin München
Paul-Lincke-Ufer 34
D-10999 Berlin
www.deutscherkunstverlag.de

ISBN 978-3-422-07271-8